周瑜

擘画江东的大权谋家

水龙吟　著

辽宁人民出版社

© 水龙吟　2021

图书在版编目（CIP）数据

周瑜：擘画江东的大权谋家 / 水龙吟著 . — 沈阳：
辽宁人民出版社，2021.5
ISBN 978-7-205-10118-3

Ⅰ . ①周… Ⅱ . ①水… Ⅲ . ①周瑜（175–210）—生
平事迹 Ⅳ . ① K825.2

中国版本图书馆 CIP 数据核字（2021）第 000658 号

出版发行　辽宁人民出版社
　　　　　地址：沈阳市和平区十一纬路 25 号　邮编：110003
　　　　　电话：024-23284321（邮　购）　024-23284324（发行部）
　　　　　传真：024-23284191（发行部）　024-23284304（办公室）
　　　　　http://www.lnpph.com.cn
印　　刷　北京长宁印刷有限公司天津分公司
幅面尺寸：145mm×210mm
印　　张：7
字　　数：125 千字
出版时间：2021 年 5 月第 1 版
印刷时间：2021 年 5 月第 1 次印刷
责任编辑：赵维宁
助理编辑：段　琼
封面设计：乐　翁
版式设计：一诺设计
责任校对：吴艳杰
书　　号：ISBN 978-7-205-10118-3
定　　价：39.80 元

序　言

　　2014 年 12 月 1 日，一个平凡得不能再平凡的日子，对于我却是写作史上的一个里程碑。因为在那一天，我在天涯连载的第一篇白话历史《陈朝那些事儿》正式更新。时光荏苒，一晃六年光阴已经过去。在这六年中，我从一个大学生到踏入社会工作，那些在天涯连载的帖子也陆续结集出版成书，这很让我欣慰。

　　虽然早在开更那个帖子之前，我就已经写过一些历史的文章了，但是下定决心写长篇类的白话历史文章不得不说是一项重大抉择，因为这不光需要考量一个人的历史知识储备，更需要的是有能坚持更新的毅力。六年过去了，回首往昔写作历程，有一个问题一直困扰着我，我相信，这个问题同样是许多爱好历史，无论是写历史还是读历史的人同样会关注的，那就是：今天，我们究竟该以什么样的情怀去看历史？

　　随着网络的普及，尤其是我们"90 后"这一代人，汲取知识的途径较之以往的人要宽泛和广阔得多。《百家讲坛》的兴起及图书《明朝那些事儿》的轰动也恰恰是发生在我们成长的时代。

但是，也正因为网络信息量的爆棚，让历史信息在传递过程中出现了各种偏差，比如对于历史人物翻案成风，又比如逆向的国家主义和民族主义，崇拜侵略，崇拜武力，甚至崇拜独裁。

那么，我们不禁要发问：今天，我们究竟该以什么样的情怀看历史？这句话看似简单，但要回答好这个问题却很难。

金庸老先生写了很多武侠小说，当然，他的很多小说也是建立在历史的基础之上。在他的笔下，成吉思汗并没有因为征服四方而受到万民拥戴，作者通过郭靖之口，给予了其一个公正的评价："自来英雄而为当世钦仰、后人追慕，必是为民造福、爱护百姓之人。以我之见，杀的人多却未必算是英雄。"历史这面镜子，折射出的对错便是——纵你权势滔天，威服四方，但你若是所行不端，残暴害民，功绩再大亦是枉然。

可是，道理简单，做起来却难。今天的我们评价历史人物依然难辨对错。

真正要正视历史，也许我们是不会快乐的，因为历史本身是一个严肃、不容戏谑的话题，我们对其要有敬畏和反思。

对于周瑜这样一个历史人物也是如此，因为《三国演义》的影响，我们对于周瑜可能不是以一个历史人物来评价的，而是以一个小说人物来评价的。所以，历史上的周瑜究竟是什么样的人，这也是我这本书想要告诉大家的。但是，即使我通过这本书告诉你周瑜是怎样一个人，你也同样会产生新的困惑，因为看历史的立场不同，结论自是不同。

不信？就请看完本书后再回头审视，你一定会有新的感触。

笔者

2020 年 11 月于苏州

目　录

序言

第一章　凤起江淮，江右俊彦美周郎

　　一、离乱之世……002

　　二、孙坚崛起……005

　　三、结识孙策……008

　　四、淮南袁术……011

第二章　霸王再世，三千子弟下江东

　　一、刘繇背刺……016

　　二、跨江击刘……019

　　三、东莱子义……022

　　四、严贼白虎……025

五、东吴德王……028

六、扫平江东……031

七、初会鲁肃……034

八、周鲁东来……038

九、世族力量……041

十、顾陆朱张……044

十一、布局西线……047

十二、孙策遇刺……050

十三、身后疑云……053

第三章　经略江左，少主老臣须权衡

一、暗流涌动……058

二、少主孙权……061

三、南北殊途……064

四、劝留鲁肃……067

五、天下三分……070

六、新旧交替……073

七、纳质事件……076

八、山越难缠……079

九、再战黄祖……082

十、夺下江夏……085

十一、荆州变局……088

十二、交州风云……092

十三、刘表之死……095

十四、荆州易主……098

十五、孙刘结盟……101

十六、奇怪的信……104

十七、是战是和……107

十八、周瑜请战……110

十九、周瑜领兵……113

二十、孙刘合兵……117

第四章　赤壁鏖兵，谈笑樯橹灰飞灭

一、多面曹操（上）……123

二、多面曹操（中）……126

三、多面曹操（下）……129

四、赤壁交兵……132

五、火烧赤壁……135

六、荆州分割……138

七、悍将曹仁……141

八、南郡之战……144

九、夷陵得胜……147

十、再战曹仁……151

十一、孙刘分地……154

十二、孙刘联姻……157

十三、天府之国……160

十四、枭雄刘焉……163

第五章　折戟沉沙，出师未捷身先死

一、枭雄丧子……168

二、益州新主……171

三、刘璋的苦……174

四、周瑜之死……177

五、未尽之事……180

六、身后之事……183

第六章　盖棺定论，千载谁识周公瑾

一、史家之言……189

二、诗家之言……192

三、杂家之言……195

附录一

附录二

后记

第一章

凤起江淮，江右俊彦美周郎

一、离乱之世

公元 175 年，一个在中国历史上并不是特别重大的年份，于宏大而又浩瀚的世界史中，亦不过是稀松平常的一年。这一年，中国历史上的东汉王朝在汉灵帝的统治下依旧在腐朽之路上踽踽而行；而西方的罗马刚刚弭平了一场叛乱，巅峰时期的国势似乎并未显露出它即将到来的无序时期。

但是，作为一个资深的三国迷，很多人总是能在这一个稀松平常的年份中捕捉到一些隐秘的东西。比如，如果引入"三国史观"，就会发现这一年许多大佬级别的人物都相继做出了一番令人称道的事情。譬如，曹操在公元 174 年被举孝廉后，正式走上仕途，公元 175 年就在他第一份官职任上棒杀蹇图，名动洛阳。而曹操的死对头刘备，也是在这一年与公孙瓒一同拜在卢植门下，学习诗文。显然，如果没有这段求学经历，刘备后来的运途可能还要走得更为坎坷些。

这一年还出生了两位不凡的人物，他们的人生虽然不如曹刘一般大开大合，但也在那个时代，成为了一闪即逝的流星，掀起了江东波澜壮阔的一幕。说到这，想必大家也能猜到，他们便是号称"小霸王"的孙策以及"美周郎"的周瑜。

周瑜出生于庐郡舒县，这个地方就是今天的安徽省庐江县西，从三国至今，上溯至春秋时期的舒国，这片地区的名字似乎就没怎么变过。在当时，舒这个地方不甚出名，可周瑜所在的家族庐江周氏却是一个实打实的强大世家。东汉时期，是一个世家大族的萌发期。所谓世家大族，是指六朝时期广泛活跃于政治舞台的一个政治阶层，其形成原因相对复杂，一言以蔽之就是在封建土地兼并、察举制推行、东汉开国的利益圈等三方合力之下，形成的一个政治阶层。

作为世家大族，两样东西必不可少，一是家族出任地方大员的人物，二是土地佣兵。显然，周瑜家族也是一样，周瑜的从祖父周景曾官至司空、太尉，担任三公之一的官阶确实令人称羡。然而，这似乎并没有什么大作用，因为祖父和从祖父差别很大，在宗法制森严的中国古代，你可别试图大喊一声"他大舅，他二舅，都是他舅"就想蒙混过关，乱攀亲戚。就连袁绍这样亲爹是三公的官二代也免不得被他亲弟弟一句"贱婢之子"气得脸上泛红。

所以，抛开祖父辈的光环，我们再来看看周瑜父辈的官职，周瑜的父亲周异是洛阳令。乍一看，大家都觉得还是很有风头的。可是"人比人得死，货比货要扔"，如果再看看周瑜父辈其他亲戚的职务，您就会发现，周瑜这亲爹就是监狱里的小萝卜头，能引人注目的只能是他矮人一截的存在了。

也正因为如此，所以史书中并没过多交代周异的生平，反倒是周异的那些个兄弟，多少留了只言片语在《后汉书》里。转眼到了公元184年，也就是干支纪年的甲子年，一场席卷了大半个东汉王朝的暴乱突如其来地冲击了所有人的人生。许多人因为这场暴乱而走上了本不可能走上的人生之路，其中也包括刚满10岁的周瑜，这场暴乱是著名的"黄巾之乱"，也是我们熟知的《三国演义》所记载的第一件历史大事。

"苍天已死，黄天当立，岁在甲子，天下大吉"，天公将军张角一声令下，各地黄巾教徒烧毁官府、杀害吏士、四处劫掠。一个月内，全国七州二十八郡都发生战事，黄巾军势如破竹，州郡失守、吏士逃亡，震动京都。

面对如此之大的变故，饶是平时不怎么想管事的汉灵帝也不得不重视起来，组织人手，针对黄巾军进行全面镇压。但是，此次起义爆发面之广，参与人数之多，远非秦末陈胜吴广起义、西汉末年赤眉绿林起义可比。所以，朝廷在兵员局促的情况下，赶紧号召各地豪强组织勤王，这其中就有号称"江东之虎"的孙坚。

孙坚这个人在当时的东汉王朝属于"异类"，为何这么说呢？在汉末雄起的豪杰或多或少都得讲究一个门第，可是孙坚恰恰没有门第。孙坚的父亲孙钟就是个种瓜的，相比较刘备虽然落魄，但好歹也是皇族后裔，孙坚的出身实在没什么出彩的。

二、孙坚崛起

关于孙钟有这么个故事。说孙钟在种瓜的时候遇到了三个赶路的少年，然后少年自称是司命，搁在今天就是帮人推算运程的先知。少年们口渴，于是就吃了孙钟的瓜，可是吃完瓜的少年似乎想白吃，便以给孙钟寻找墓地为由，来抵偿瓜钱。

少年们还煞有介事地问："老孙啊，你想让你的子孙做数代王侯呢，还是数代皇帝？"小孩子才做选择，成年人一般全都要，可孙钟却很实诚，如果二选一当然是选更好的啊，于是便说想要"数代皇帝"。于是乎，孙钟便按照少年们的指引，找了一块墓地来埋葬双亲。后来的历史我们都知道了，到了孙钟孙辈这一代，孙权果然称帝，建立了吴国。

当然，根据以往的常识，这种玄乎其玄的故事多半是后人攀附的，很有可能就是孙权称帝后，觉得祖上出身实在太低，于是只能编撰这么一则故事来佐证自己称帝的必然性与合法性。甚至为了抬高自己，还将孙家与兵圣孙武进行关联，具体真实如何，我只能说见仁见智了吧。

到了孙钟儿子孙坚这代时，或许是卖瓜经营得当，又或许是孙坚早年击破海盗有功（孙坚十六岁时单枪匹马击溃了一船海盗，并缴获钱财无数），反正就成了当地一个有名望的人物，还顺带管起了当地郡里的治安。运气好的人，瞌睡的时候都有人送枕头，孙坚在郡里管治安没多久，就有一个叫许昌的人自称阳明皇帝，在会稽郡搞起事来。这样的人自然而然被孙坚三下五除二解决了，于是乎，当时的州刺史上表朝廷嘉奖孙坚，于是孙坚摇身一变，正式取得了国家官员的编制，先后历任盐渎、盱眙、下邳县丞。

到目前为止，孙坚终于让自己的家族有了一个可以被世人认可的身份，也算敲开了官宦仕途的大门。但正如我之前所说，黄巾之乱真的改变了很多人的人生，孙坚也是一样。依他的出身，搁以往不过是在县丞之间来回调动，偶有运气好，说不定能往上升升官，但也要止步于刺史。可是黄巾之乱却给了他突破时代瓶颈的契机，作为剿灭黄巾的汉王朝前线总指挥之一的朱儁就无意间翻了孙坚的牌子，上表朝廷升他为军司马，要他在泗水一带集结部队并赶来与自己会师，讨伐黄巾。

当孙坚听到了这个消息，简直是比得知自己在北上广的房子要拆迁还喜悦。调集了人马就投入战场。但是，当孙坚赶到朱儁所在战区时，局面并不乐观，黄巾军的波才将朱司令按在长社城中猛揍。缺少统一指挥的孙坚在战争初期也是打得很艰难，但是随着黄巾军这边张角的突然离世，战局又开始倒向了官军这边。在这一期间，孙坚通过攻破宛城，完成了黄巾之乱官军战线转折点上的重要一环。

黄巾之乱在张角、张宝、张梁三兄弟相继殒命后，算是阶段性地被镇压了下去，各个参与其中的地方豪杰也得到了相应的封赏。孙坚自是不例外，而另一个与他有着深深羁绊的野心家董卓同样也得到了封赏；当然，周瑜的家族也同样受此影响，因为就在黄巾之乱后，董卓进京前，周瑜家族的优秀长辈前后出任朝廷大员。

黄巾之乱暂时性结束没多久，汉灵帝驾崩，紧接着，围绕皇位继承权而引发了一连串的宫廷争斗，在这段争斗中，董卓带着他的西凉人马进去了京师。董卓进京，为汉灵帝混乱的身后事画上了一个句号，但是去为东汉末年的混乱，点燃了一个火药桶。

董卓进京让两派人很不爽，一派是中央大员，他们的想法是凭什么你董卓一个外地来的家伙能在朝廷之上对我们指手画脚？另一派则是地方实力人物，他们的想法是既然你董卓可以这么做，那我们为何不能有样学样呢？前者典型代表是袁绍，而后者的代表则是孙坚了。在如此错综复杂的矛盾交织之下，一场"讨伐董卓"的战争打响了。

《三国演义》里面提起这次战役时，说有十八路诸侯讨董，但是历史上，其实只有十三路联军。而剩下那五路诸侯中，既有我们熟知的孔融、陶谦、马腾、公孙瓒四人，也有我们并不熟悉的张杨。既然公孙瓒没有参与，那么演义里归附公孙瓒的刘备三兄弟自然也没参与，而这十三路诸侯中风头最盛的就数孙坚了。

三、结识孙策

此时的孙坚已经被朝廷封为长沙太守、乌程侯，辖区就在今天的湖南地区。而此时董卓把持的朝廷在关中长安一带，北方的讨董联军会盟在酸枣，孙坚要想北上击败董卓，势必要先和盟军会盟，而北上就得经过今天湖北的荆州地区。

在汉朝，今天的湖北、湖南和广西等部分地区被统一划归为荆州管辖，所以作为长沙太守的孙坚在理论上是荆州刺史王睿的下属。但是，王睿这个人，相对于孙坚又显得没什么本事，一个无能的领导管辖一个能力强的下属，多数情况下得翻车。除非是唐僧和孙悟空，可即使唐僧遇到孙悟空，那也需要共同的信仰支撑外加紧箍咒控制，显然，王睿和孙坚没啥共同的理想，王睿更缺乏对孙坚强有力的控制。在这样尴尬的情况之下，王睿居然还有和唐僧一样的毛病，喜欢对人指指点点，这么一来，用一句网络流行语来说，那就是"过把瘾会死"。

孙坚在路过荆州的时候，顺带就把上司王睿给灭了。擅自逼死朝廷大员，那可真是无法无天了，可是董卓进京恰恰就开启了这么一个无法无天的时代。王睿死了，但是荆州不能一日无主，于是董卓以朝廷的名义，外放刘表为荆州刺史。刘表这个名字，在三国时期也算是家喻户晓的了，站在"事后诸葛亮"的角度上看，逼死王睿，引来刘表，对于孙坚真的不是一个好选择。

不过此时的孙坚并不会知道日后历史的进程，过境荆州后，他就到达了南阳，因为是远道而来，孙坚的部队需要就地取粮。所以此时的孙坚还是很客气地致书给南阳太守张咨，希望他能够拨粮草以解燃眉之急。但张咨似乎并不了解孙坚的脾气，对于王睿死亡的消息应该也还没收到，本着"你也是太守，我也是太守"的心态，张咨对于这个平级官员的要求是不予理睬。

这一次，孙坚算是再次炸毛了，手起刀落，张咨也迅速去黄泉路上找王睿搭伴了。孙坚的高调行为一下子震惊了天下，当然，剑走偏锋向来是有利有弊。残忍的行为固然会让一些人对孙坚敬而远之，但也引起了其他人想招揽其于麾下的欲望，这个人就是袁术。虽然袁术在《三国演义》里被描绘得和孙坚关系一点都不好，又是克扣粮草，又是垂涎玉玺；但那毕竟是演义。真实历史上，孙坚和袁术还真有过穿一条裤子都嫌肥的蜜月期，至少在利益捆绑下是如此。于是，袁术殷勤地将孙坚的家眷接来自己淮南的大本营——寿春，好生照料。

和袁术一样，还有人也从孙坚的高调行为中攀升起想结交的想法，这个人就是我们的主角——周瑜。这一年是公元190年，周瑜此时15岁，搁在今天也就一个初中生的年纪，但是似乎生来不凡的人注定比同龄人要早熟。吕思勉评价周瑜和鲁肃都是好乱之士，啥意思呢？就是唯恐天下不乱那种人，总是想搞点事情来搅动时局。这样的人在今天来说，那必然是社会不安定因素，但在那种动乱年代，恰恰是这种人，践行着"乱世出英雄"这句话。

周瑜似乎一生都在为"好乱之士"做注解，而他做的第一件事就是跑来结交孙坚家眷。在这里，周瑜遇到了一位和他羁绊了前半生的人物，此人便是孙坚的长子孙策。孙策与周瑜同龄，此时也是15岁的年纪，孙策继承了他父亲的勇武，当然，也继承了父亲的当机立断和残忍。一个是为乱世而生，一个则是好乱之士，似乎他们身上有着与生俱来的完美契合度，正如那句歌词所说"确认过眼神，我遇上对的人"。孙策与周瑜一见如故，当下便结为总角之交，而后，孙策偕母亲与弟弟一起迁居周瑜在舒县的住所。周瑜特意让出大院，并登堂拜母，两人在舒县开始了长达一年的比邻而居的生活。

但是，幸福的日子总是短暂的，尤其是动乱的时代。乱世可以成就一批人，但也会吞噬掉成千上万的人，即使是那些为乱世而生的人，也未必能笑傲到人生的终点。孙坚的人生在讨伐董卓前后走上了巅峰，也终结于巅峰。初平二年（公元191年），孙坚在讨伐荆州的战役中丧生，结束了他37岁的一生。

四、淮南袁术

孙坚的死让孙家这群孤儿寡母一下子面临了很尴尬的境地，作为孙坚的盟友兼老板，袁术很不客气地兼并了孙坚留下的部队，还巧取豪夺了原本是孙坚捡来的传国玉玺。没错，和《三国演义》不同，历史上袁术并没有以三千兵马来换取传国玉玺，而是直接明抢了。看来，历史上的袁术和演义中的袁术在道德上还差了三个扶老奶奶过马路的红领巾啊。

不光如此，袁术还倚仗势力，驱使孙坚旧部及孙策为自己效力。孙坚死后，孙策告别了周瑜，举家迁往江都（今天的扬州）。当时在江都的北面，是占据徐州的陶谦，而江都西面，则是袁术的淮南，长江以南目前还是东汉王朝安排的各郡县官吏，且无明显独立倾向。孙策将母亲迁居至此或许也是想避开是非之地，再观望下时势。但是，袁术却容不得孙策观望了，坐拥淮南大地的袁术积极想往南拓展领地，袁术地盘的南方是原大汉的扬州九江郡及豫章郡，大体是今天的江西北部九江到南昌一带。

孙坚在世时，袁术曾以九江太守一职允诺给孙坚，以此换取孙坚攻伐刘表，但是，孙坚死后，九江太守反倒是袁术留给了自己手下陈纪。陈纪本就不是什么能征善战的将领，让他看家护院还行，但让他南下豫章郡，就显得强人所难了。恰巧这个时候，庐江这地方也开始出现问题了。庐江太守此时叫陆康，名义上陆康是受到袁术节制的，但袁术自己都不受天子节制，底下那些名义的上下属更是有样学样了。庐江这个地方很微妙，就卡在袁术和刘表之间，也是袁术和南方腹地连接的要地。然后，袁术就忽悠孙策让他摆平陆康，在孙策出征之前袁术对孙策说道："当初错用了陈纪为九江太守，现在我每每想起此事无不悔恨，如果这次你打下庐江，庐江太守的位置一定非你莫属！"此时的孙策还属于我们常提的铁憨憨，果真就替袁术卖力收复了庐江。然而，袁术又一次变卦，像忽悠孙策他爹一样，再次耍了孙策，战后，庐江刺史被袁术委任给手下刘勋了。

周瑜作为一个庐江人，在此次孙策攻破庐江战役中是否起了一些作用，我们已经不得而知，因为史料里没有记载。缺乏记载的东西不能信口开河，但是从主观推断来看，我们有理由相信周瑜是出了力的。

袁术出尔反尔，这样的做法注定他在争霸之路上走不远，也注定了孙策早晚要和袁术分道扬镳。当历史进入到公元194年时，袁术迎来了他人生的巅峰。这一年，袁术刚刚击破徐州刘备，并与徐州的新主人吕布结成同盟，扬州东部一带（今天的江苏地区）几乎都成了袁术—吕布集团的控制范围。南面，袁术巩固了在今天江西一带的利益，并与荆州地区的刘表达成了一个短期和平。

袁术的北面是曹操，但此时的曹操刚刚在兖州一带与吕布激战完，整个曹操辖区内是一片狼藉，根本无法对袁术发起有效打击。换句话说，此时只有袁术打曹操的份，而曹操压根无法对袁术造成威慑。这一年，考虑到要对孙坚余部做一些"道义"上的补偿，孙策的舅舅吴景，终于被任命为广陵太守，算是在长江北面给了他家一块地盘。要说袁术刁钻也确实如此，因为广陵太守他既没给孙坚的弟弟孙静（孙坚同辈人中威望最大），也没有给孙坚的长侄孙贲（孙坚子侄辈最年长），反而给了孙坚妻弟，一个外姓人。

截止到目前，史书中对于周瑜的记载就一条，结交孙策，但是大家不要急，因为周瑜马上就要走上台前了。公元195年，即东汉兴平二年，这一年发生了许多大事，咱们一桩桩来捋一下。首先，作为北方头号军阀的袁绍南北两线双双获利，北线击败公孙瓒，继续将自己的版图往北推进，南线驱赶了孔融，夺下了青州。其次，袁绍的小老弟曹操也是收获颇丰，长安事变，汉献帝出逃洛阳，曹操便借机谋划将天子迎回许昌，正式开启了"挟天子以令诸侯"的生涯。此时，作为南方"一哥"的袁术却不淡定了，因为在这一年，南方陆续冒出好几股势力，意图与袁术叫板。稍微梳理下主要为三股势力，一是时任扬州刺史的刘繇，二是盘踞在今天苏州无锡一带的强盗严白虎，三是我们哔哩哔哩的话题担当，王朗王司徒。周瑜的故事就得从这一年的南方乱局说起。

第二章

霸王再世，三千子弟下江东

一、刘繇背刺

东汉兴平二年（公元195年），曹操很郁闷，因为刘备反了；这一年，袁术同样很郁闷，因为刘繇也反了。也许大家对于刘繇这个人并不熟悉，抑或是受了《三国演义》的影响，觉得刘繇这个人不过是个打酱油角色。但事实上，刘繇在东汉末年真的是一个相当强大的存在。

刘繇，西汉时齐王刘肥之后，虽然说与汉王朝的血统比刘备所谓的中山靖王更为疏远，但貌似混得要比刘备好很多。刘繇与兄长刘岱在山东一带也算是个小有名气的望族了，基本不用像刘备一样靠织席贩履为生。

除了出身，刘繇自身能力也很突出，属于能文能武的类型。孙坚十几岁时击败海盗闻名一方，刘繇十几岁同样带了几个人，剿灭了一伙强盗，搭救了自己堂叔。自那以后，刘繇开始走上仕途。与东汉末年官场腐堕的靡靡之气不同，刘繇做官还是相当正派的，弹劾鱼肉百姓的污吏，拒绝了当朝权贵的拉拢。

公元194年，也就是袁术风光正盛的那年，朝廷委任刘繇为新的扬州刺史。需要先说明下，东汉末年群雄逐鹿，但这个过程是渐进式的，而不是突然式的。在部分地区，东汉王朝失去了官员的任免权力，譬如在袁绍、曹操控制的区域内；但在另外一部分地区，东汉王朝依然可以继续任免官员，比如扬州地区。

为了方便后文叙述，也为了让大家大体了解下一个地理区划，我简单为大家介绍下东汉的扬州地区，当时的扬州地区大致等同于今天江苏省苏中、苏南地区，浙江、福建、江西三省，安徽省中南部地区，稍微沾了点湖北和河南地区的边边角角。但是，与今天的区划不同的是，我们今天看似发达的部分地区，郡却并不密集，譬如今天的浙江省在当时只有一个半郡，而整个福建省连一个郡都没有，偌大的扬州地区也只分了九个郡。其中，长江北面有淮南、庐江、丹阳三郡，长江南面则是后来赫赫有名的"江东六郡"。（因为东汉末年区划变化频繁，本书仅用较为广泛的一种说法。）

在刘繇到来之前，基本扬州九郡名义上是宾服于袁术的，但刘繇的到来一下子让袁术的局势变得急剧恶化。扬州的治所原本在寿春，而寿春位于袁术的大本营淮南郡。刘繇作为政府派来的刺史自然不可能和袁术这类地头蛇一起办公，于是刘繇就在广陵吴景、孙贲等孙坚余部的护送下，到达了长江南面的曲阿（今天镇江丹阳），并在此办公。

这么一来，一时间偌大的扬州出现了两个政治中心，分别为长江北面的寿春和长江南面的曲阿。假如说，刘繇能名义上归附袁术，那么，或许袁术也能默认扬州地区二元制的局面。可是，刘繇作为一个刘姓宗室，偏偏和刘备一样，高高举起"汉贼不两立"的道义大旗，打响了武装反抗袁术的第一枪。

我们看《三国演义》经常会发现，就是刘备这个人的皇族光环真的很能聚起人心，以至于他数起数落还会不断有人来归附。然而历史上，至少在赤壁战争前，刘繇似乎比刘备更善于利用这一套皇族光环。

当刘繇跳出来反抗袁术后，整个江东各郡齐刷刷选择了站队。首先是刘繇直接控制的两个郡，分别为丹阳郡、豫章郡；紧接着，吴郡太守被山贼严白虎干掉，吴郡也宣布脱离袁术，会稽郡的王朗也紧跟着大流，闹了起来。但是，不得不提一下，虽然王朗、刘繇、严白虎三人都不服袁术，但三人之间又各自不服，用《亮剑》里那句话来说，"整个晋西北都乱成一锅粥了。"

刘繇、王朗、严白虎三人的突然表态一下子让袁术觉得自己很孤立，因为坐视他们独立，意味着自己要被隔绝在江北，如此生存环境极为恶劣。在通盘考虑之下，袁术准备再次启用孙策，希望孙策能够将刘繇驱逐，抑或是至少打过长江去，与刘繇拼杀，拓宽自己的战略纵深。所以没有《三国演义》里的进献玉玺，孙策依旧从袁术那领了一支人马，跨江打击刘繇。而此时，雄姿英发的周瑜终于在阔别数年后与孙策相遇了。

二、跨江击刘

自上次分别后，周瑜与孙策已经有近五年时间未见了。此时孙策领军驻扎在历阳，孙贲堂兄孙贲及孙策舅舅吴景率领被刘繇赶回江北的孙坚余部与之会师。而周瑜此行是正巧要前去探望时任丹阳太守的叔伯周尚。

周瑜在这个当口前往丹阳探望亲戚也被后世过度解读，认为这是周瑜故意在引起孙策的注意，但绝大多数朋友没有将这两者进行紧密联系，毕竟，还不允许人家跑跑亲戚了？不过周瑜的举动确实引起了孙策的注意，于是写信给周瑜。史书记载当时周瑜还不是只身前往，而是带了一些兵马加入了孙策，也算是壮大孙策的声势了。大家千万不要诧异为何周瑜还能有部队，因为拜大时局所赐，当时的大族多少都是有各自的部曲（军队）的。毕竟世道太乱，手里没点部队万一被黄巾乱党杀了呢？财产不论，关键是人身安全得有保障啊。

孙策与周瑜合兵后，徒然间部队已有五六千人了，志得意满的孙策对周瑜说了这么一句话："吾得卿，谐也。"（我拥有你，那真是完美了。）这句话似乎和刘备见到孔明时说的"如鱼得水"

有异曲同工之妙。

拥有了部队，孙策就要南下渡江了。在这之前，我们先看看孙策部队中的几大人物吧。首先是现如今孙家的领军人物孙策，这个时候的孙策有破庐江之战的业绩在，锋芒无匹。其次是孙策的舅舅吴景，原孙坚余部领导人，这人战绩平平，只能算是个相对有威望的长者。而后是孙策的堂兄孙贲，这位之前有过一次击败前任九江太守周昂的战绩，勉强也算是个善战之人。而这次跟随孙策出征的还有三个半孙坚老将，说到这，大家一定会迷惑，这人还能按照半个算？事实上，确实只能算半个，因为史书也没提到这人究竟此时在不在孙策军中，甚至说生死未卜。

三个老将即是程普、黄盖和韩当，那这半个就是祖茂。如果看过《三国演义》的朋友一定会对祖茂有所了解，这货是个倒霉蛋，孙坚被华雄追击，祖茂就和孙坚换了下帽子，然后祖茂就被华雄追上，斩杀了。但是演义毕竟是演义，正史上祖茂可没这么差的运气，虽然他也同样和孙坚换了帽子，可是逃到一处草垛时，祖茂把帽子挑到木杆上，自己开溜了。史书关于祖茂的记载就到完成这一迷惑行为截止，而后生死未卜，下落不明。也正因为如此，所以我这才说可能是半个人，我们姑且将其戏称为"薛定谔的祖茂"吧。

当然，还不能落下我们的周瑜。作为新加入的人员，周瑜显然和这些前辈差距较大，需要一些战功来证明自己。当然，大战即将开始了。

说完了孙策这边的阵容，我们再来提一提刘繇这些人，刘繇这边我姑且将其分为两个集团，一个是刘繇的亲信集团，有樊能、于麋、张英三人；另一个则是归附集团，如太史慈、笮融、薛礼三人。对比孙策的阵容，刘繇这边显得相对单薄，甚至刘繇的三位亲信在历史上连事迹都没能留下。但是历史就是这么玩味，张英和樊能这俩路人角色居然就把吴景和孙贲从长江南面赶到了江北，还打了一年多的拉锯战，不可谓不讽刺。

不过随着孙策的到来，一切都将改写。此时刘繇为了防备孙策，将樊能、于麋、张英三人派往长江边上，以此阻碍孙策渡江。原本应该激烈万分的渡江战役却在极短的时间内宣告了结束，史载："及孙策东渡，攻繇牛渚营，尽得邸阁粮谷、战具。能、麋等复合众袭夺牛渚屯。策闻之，还攻破能等，获男女万余人。"仅仅几句话就交代了这次战争的经过。反倒是《三国演义》里面有一段精彩的记录，说孙策与樊能、于麋单挑，大喝一声，吓死樊能，胳膊用力，夹死于麋，这"挟死一将，喝死一将"的桥段宛如霸王再世。

小说毕竟是小说，真实的历史相对枯燥很多，也许于麋和樊能死得并没有这般戏剧感，但孙策击杀他们这一事实却被客观记载下来了。但紧接着又有一个问题来了：这次战争中周瑜出力多少？这一点，史书并没有提及，但从实际考量，多少还是有所助力吧？毕竟孙贲、吴景在江北打了一年拉锯战，孙策、周瑜一来，立刻扭转战局，事实便是力证。

三、东莱子义

孙策的渡江战役一次性地将刘繇嫡系部下樊能、于麋、张英全部消灭，此时的刘繇很尴尬，敌人就在眼前，手下该派何人出战呢？就在此时，一人请战孙策，此人就是东莱太史慈。

太史慈，字子义，和刘繇是同乡。和刘繇的谦和守礼不同，太史慈属于剑走偏锋之人，他年轻时就曾经卷入过州郡之间的政治斗争，依靠自己的果决及狠辣，出色完成了郡守给自己的任务，但也因此得罪州刺史，只得亡命辽东，大有一番古惑仔的风味。

太史慈的行为引来了当时北海孔融的好奇，孔融作为孔圣人后裔，行为却与大儒格格不入，思想或是行为甚至和千百年后明末离经叛道的李贽有一丝相似。如此一来，孔融便安排了人好生照料太史慈母亲，借以结交太史慈。

后来，孔融被黄巾贼包围了，太史慈为报恩，杀出重围替孔融搬救兵去了，而这一找便找到了当时的刘备，刘备带了点人马和太史慈一起回援孔融，终于解了孔融之围。这一些情节基本和《三国演义》类似，但是后续的发展耐人寻味。

太史慈虽然给孔融解了围，但孔融似乎把这功劳记在了刘备头上，出于愤愤不平，抑或是脾气不对味，太史慈最终离开了孔融。那么离开孔融之后的太史慈去了哪呢？他没有就近选择曹操或是袁绍，反倒渡过长江，来到了同乡刘繇帐下。

之前我说过了，刘繇这个人手下的将领分为两部分，一部分是自己的嫡系部队，另一部分则是归附集团，但是这归附集团还有区别。笮融、薛礼这种属于带了部队前来的参股股东，而太史慈这种单人前往的不过只是一个散户股民。所以当孙策大军压境，太史慈请战之时，刘繇犯难了。

在此之前，刘繇也曾考虑过任用太史慈为将，但有个叫许子将的人曾经对他说过，一旦拜太史慈为将，世人是要笑话他的。然后刘繇也是个棒槌，姓许的说啥他就信了，对太史慈依旧给了冷板凳待遇。这个许子将在当时确实还是个有名望的人，他名叫许劭。这个许劭是当时有名的评论家，搁在今天就是某个唱歌节目为你转身的指导老师级别，真的是一句话决定了你的前途。许劭评价曹操的话最为出名："治世之能臣，乱世之奸雄。"那其他人自然而然要给他面子了。

因为许劭的一句话，千里迢迢前来投奔刘繇的太史慈只能承担侦察斥候的工作。但是我们常说野百合也会有春天，太史慈这人就算是作为一个斥候，也是浑身充满闪光点。

别人家的斥候：噫，对面那堆人里面有个人高马大的，八成是孙策吧，我得赶快去报告主公。

太史慈版斥候：噫，对面那堆人里面有个人高马大的，八成是孙策吧，看我捉了来绑见主公。

就这样，太史慈前去侦察任务和孙策的一众人不期而遇了。这段又和《三国演义》有些类似，孙策单挑太史慈，双方杀得难解难分，最后孙策夺下了太史慈背上的一支手戟，而太史慈索性拿下了孙策的头盔，也算是斗了个势均力敌，直到两方援军赶到。

根据《三国演义》的剧情发展，太史慈接下来应该被刘繇猜忌，然后孙策听从周瑜的计策，用计策擒获太史慈，再用一件破袍感化太史慈。但真实的历史上这个前后线稍微有些不同，因为小说里的反派心思会是各种阴暗，但历史上的很多失败者却都是因为优柔寡断。太史慈与孙策的交战并没有像演义里一般引发刘繇猜忌，因为这个时候刘繇盟友笮融、薛礼也掉链子了。当时这两人驻扎在秣陵（今江苏省南京市），孙策稍一用兵，这俩人也像张英等人一般败亡了，不过这两人运气较好，好歹捡回了一条命。而后孙策军席卷湖熟、江乘、曲阿，将刘繇势力彻底扫出了苏南。

至此，刘繇失去了自己的半壁江山，这时，那位识人相面准确无比的许子将又跳出来了。他提议刘繇战略转移到豫章郡，依靠今天江南中南部广大地区，与刘表结盟，共抗孙策、袁术集团。太史慈或许受不了这许劲的鸟气，自己带了一支人马奔走芜湖一带了。

四、严贼白虎

太史慈与刘繇分道扬镳后，孙策便瞄上了这位不可多得的将帅，当时孙策控制了长江以南，太湖以西一带，与太史慈的余部在今天的宣城一带对峙。史书没有提及孙策与太史慈再次爆发战争的具体过程，仅仅以一句："策躬自攻讨，遂见囚执。"便交代了孙策擒获太史慈的经过。

望着被绑上台前的太史慈，孙策亲自为其解绑，并问了一句："你还记得当日和我在神亭的打斗吗？若是当日我被你捉了，你当如何处置我？"一般说来，遇到这种情况，多数人会选择唯唯诺诺地磕头认罪，连声说："小人当日不识天颜，还望饶恕啊。"当然，也有愣头青会立刻说："狗贼，可恨当日未能杀你啊！"

显然，这两种回答都没有水平，也不是孙策所期待的，而太史慈恰恰不卑不亢地说了一句："未可知也！"（谁能知道呢？）

太史慈回答得很有水平，既没有在孙策面前失了骨气，又表达了自己对于刘繇这样的君主并不是一心效死的心意，毕竟两人脾气也不对口嘛。太史慈的回答显然让孙策很满意，他不需要太史慈做一个愚忠的人，他只需要太史慈做一个懂得感恩的人，一个只对自己忠诚的人。当年的豫让对范氏、中行氏的死可以不闻不问，却对智伯的亡故矢志复仇，这样的无双国士才是孙策真正要的。

同样，要想别人做豫让，你就得拿出智伯的态度，孙策随即握着他的手说道："今后咱哥俩一起把江东的天下给打下来！"（今日之事，当与卿共之。）太史慈随即被孙策拜为折冲中郎将。后来刘繇丧命豫章，手下还有数万残兵成了无主孤军，孙策便命太史慈前往安抚兵众。当时左右的人都还怕太史慈借机开溜，拉起旗帜另立山头，可孙策却深具信心地说："子义他舍弃了我，还可以投奔谁呢？"于是他亲自将太史慈送出阊门（今苏州市阊门）。

临行前呢，孙策也试探性地问了下太史慈返程时间，太史慈自信满满地说只需要六十日即可，后来也确实依照诺言回来了。这段故事发生在豫章战斗后，围绕刘繇生命中的最后时光我后文还会讲下，这里就不展开了。之所以说起这段故事的后续发展，是因为在《吴历》中记载的是神亭之战中，太史慈就被孙策活捉了。然后两人促膝谈心，太史慈随后便去帮孙策收揽兵马，这样一看，似乎这事情就发生在刘繇逃亡豫章前后了。而《三国演义》中用的便是《吴历》所记载的这段，毕竟作为配角，刘繇的戏份是不可能在《三国演义》中被后续拉长的，但在历史上，刘繇后面还有几年好日子可过。

我们且把刘繇放在一边，因为在将刘繇赶出今天江苏地区后，孙策的目标就不在刘繇身上了，他的目标是盘踞在吴郡的严白虎。严白虎本名严虎，为何叫严白虎呢？因为他是山贼出身，所以"白虎"是他混江湖的绰号，类似于"豹子头""青面兽"。严白虎是今天湖州吴兴一带的人，东汉末年豪杰并起，作为山贼的他很快集聚了一万多人，顺带杀死了当时的郡守，自己做了吴郡的老大。吴郡大致是今天江苏的苏州、无锡、常州三市，外加浙江的嘉兴、湖州、杭州钱塘江以北部分。搁在今天，属于膏腴之地，但在以前，还是经济比较差的地方。

虽然经济不发达，可是却倚靠着太湖，成为孙策战略纵深的一大障碍，并且，在吴郡南面，还有个富得流油的会稽郡。为了能彻底扫平江东势力，孙策觉得一路平推，将严白虎和王朗一并赶到海里去比较好。在进军吴郡前夕，孙策做了一件事情，他对周瑜说："我用这支队伍攻取吴郡、会稽郡，平定山越，已经足够了，你回去镇守丹阳。"于是，周瑜率部回到丹阳。

孙策为何要在开战前夕调走周瑜，研究三国的人众说纷纭，这里我就以大家最能接受的一种说法进行阐述吧。首先，曲阿当时是扬州地区的新治所，但早期属于丹阳郡，丹阳郡控制着长江大致范围是今天苏中地区外加镇江、南京。但是恰恰因为横跨长江，所以战略地位重要的同时又需要严加防守。毕竟，孙策目前还是作为袁术的人马负责执行扫平叛乱的任务，虽然袁术默许自己战后对丹阳郡的控制，可袁术的话能信不？

五、东吴德王

为了避免袁术窃取自己的胜利果实，孙策必须做好抢地盘和守地盘的完美统一。那么，派周瑜去掌握丹阳郡便是一箭三雕。

一、周瑜有人，周瑜和现丹阳郡守周尚是亲戚，周尚也许是袁术的人，可周瑜去了，那周尚多半就是孙策的人了。

二、周瑜能打，守备长江要塞责任重大，当初自己的舅舅吴景和堂兄孙贲就因能力平平，被刘繇打回江北了。

三、周瑜可信，虽然是一家子，但是孙贲和吴景长期掌控孙坚旧部，在军中威望很大，而孙策夺回军事主导权后必须要牢牢控制住，即使未来江东的天下是孙家的天下，可孙家掌门人是谁，还是需要分清楚的。

周瑜回了丹阳，孙策这边就可以放手一搏了。严白虎这个山贼平日里欺负欺负老百姓还行。可一旦遇上孙策的正规军，他那点人马就不够下菜了。在被孙策吃掉了大部分军队后，严白虎赶忙求和，为了凸显诚意，他特地派了自己弟弟严舆前来议和。《三国演义》里面是说严白虎的诉求是与孙策平分江东，自己做东吴德王，孙策做西吴王，大家以太湖为界，平分江东，结果孙策大怒，一刀剁了严舆。

当然，演义毕竟是演义，正史里没有提到严白虎的诉求，倒是孙策早闻严舆是严白虎帐下第一大将，所以想看看此人水平如何。于是在席间拔出佩刀在严舆面前耍了一套，严舆看着看着频频后仰，这让孙策很诧异，便问道："我听人说你有个技能，坐着就能跳起来，还能躲避刀剑，所以刚刚是和你开个玩笑的。"

严舆却连忙摆手："我不是，我没有，别瞎说。我看到刀剑都会吓得往后缩。"严舆这么一说，孙策心里有数了，原来这严白虎帐下第一猛将是吹出来的啊，于是随手一挥，一把手戟便把严舆性命结果了。

两军交战，不斩来使，孙策如此不地道的行为让严白虎很震惊。关键平日里把严舆吹上天了，如今孙策来这么一手，严白虎军中士气大衰，孙策没费多大功夫就把严白虎的残军吃光了。严白虎运气好，居然还从乱军之中逃了出来，前往余杭许昭那申请避难。随后程普请求孙策继续追击，孙策却说"许昭有义于旧君，有诚于故友，此丈夫之志也"，于是暂缓攻击余杭。

到目前为止，孙策拥有了除余杭外的吴郡与丹阳郡这两大郡，一时间风头无匹，地盘甚至有超过东家袁术的趋势。关于严白虎的最终下场，《三国志》记载说是孙策后来攻打东冶的时候再次遇到了严白虎，结果严白虎在交战之下死于军中。至于严白虎何时从许昭那出逃东冶，史书没给出答案。

剿灭完严白虎，接着就该是王朗了。可是这时候孙策后方又出幺蛾子了，原来袁术眼见孙策连下两郡，心里不平衡了，一道诏令，让堂弟袁胤接替周尚做了新一任的丹阳太守，把周瑜及周尚全调到老巢寿春了。

这么一来，孙策心里恨得牙痒痒：你馋我丹阳郡也就算了，居然还想把周瑜也给拐回去，实在是忍无可忍！但是就目前的军力来看，孙策打打王朗和严白虎还行，真要和袁术全面开战，那还是差得远了。于是乎，孙策赶忙进行战略调整，表面上默许了袁术对丹阳郡的控制，但基本将袁胤的势力遏制在长江以北，像当年刘繇针对吴景一般，同时将吴郡治所吴县（今苏州市）作为大本营，开始就地发展。

当然，有了大本营并不妨碍孙策的扩张欲望，南下打会稽这是势在必行的，同时，流窜到豫章的刘繇也在孙策的密切关注之下。消灭刘繇和王朗，正式坐稳江东的天下，这是孙策勾勒的宏伟蓝图。当然，令孙策欣喜的是，他所看重的周瑜并没有背弃他，尽管此时袁术表达了想要收揽周瑜的心思，但周瑜对此却并没有表示，还申请做居集县长，以此摆脱袁术控制，并伺机回江东，袁术最终也同意了他的请求。

六、扫平江东

汉建安二年（公元197年），这一年发生了很多事，我们还是从孙策身上说起吧。在默认了袁术抢夺自己胜利果实的同时，孙策也不闲着，东方不亮西方亮，被袁术抢走的土地，那就从会稽郡的王朗手里夺取吧。

王朗大家肯定熟悉，他与诸葛亮的那段对话视频被各种恶搞，当然这都来源于《三国演义》的渲染。只是，历史上的王朗未必有这么大的名头。王朗这个人，一言以蔽之，就是可以做太平官，却做不了乱世人。他按照汉朝的标准官员素养去管理会稽，结果被孙策赶了出去。可是临老了在魏国却做上了三公。另外要说一下，王朗的孙女王元姬后来还成了司马昭的夫人，生下了晋武帝司马炎。

回过头来，孙策对王朗的战斗并无太多出彩之处，虽然前期王朗利用坚城作为抵挡孙策的利器，令孙策几次进攻受挫。但是，此时孙策叔父孙静提议孙策佯攻查渎，逼王朗出兵救援，以此破城。结果王朗果然中计，无可奈何的王朗准备逃奔交州投靠当时交州一把手士燮。只是在东冶这地方同样遇上了孙策，只不过他运气比严白虎好，成了孙策的阶下囚而免遭一死。

与此同时，刘繇也在这一年病故。自从战略转移到豫章（今天江西地区），刘繇的日子就没消停过。当时孙策击败刘繇的同时，刘繇的合伙人笮融也流亡到了豫章地区，昔日的上下级成了今天的难兄难弟，俩人一合计要不继续搭伙过日子吧。但是笮融却是个名副其实的小人，在此之前他先后干掉了赵昱、薛礼两位老板，所以刘繇也对笮融留了个心眼。

当时的豫章地区形势比较复杂，原本刘繇逃亡豫章是要依附于刘表来对抗袁术的，那么本着"投诚不留党"的原则，刘表就表示，这个豫章太守得由我来任命。于是刘表就任命了诸葛玄（诸葛亮叔父）前往担任豫章太守。刘繇心里很不服：好歹我也是朝廷任命的扬州刺史，虽然一朝虎落平阳，也由不得你这般侮辱吧？

刘繇发现刘表完全领会错自己的意思了，自己是来结盟的，而不是来投诚的，合着我拿你当兄弟，你却想当我老子？！于是刘繇又任命了朱皓为豫章太守，前去驱逐诸葛玄。为了增强朱皓实力，刘繇又委派笮融带着本部人马支援朱皓。这个时候，评论达人许劭又出来说话了：'我看这个朱皓啊，是个老实人；而笮融却奸诈得很，你得提醒朱皓提防笮融啊。"

不知道是不是刘繇此刻已经对许劭厌恶到极点了，对于许劭的这次建议，刘繇选择了不予理会。然而，结果却证实了许劭的预见性。朱皓和笮融的联军顺利驱逐了诸葛玄，但是笮融果然不安分了，杀了朱皓自立为豫章太守。刘繇得知后大为震怒，带兵进攻笮融，笮融部属溃散。笮融逃亡到深山，被山中百姓和山越联手杀死，将笮融首级献给刘繇。

经过这一系列的豫章争夺战后，刘繇仅存的那点家底也被拼掉了大半，而隔壁的孙策已经席卷一方，吴郡、会稽郡相继陷落；自己驱逐诸葛玄又得罪了刘表，北方的袁术依旧虎视眈眈。众多压力之下，刘繇的心理防线彻底崩溃，就在该年，刘繇因病逝世，享年四十二岁。

统观刘繇、严白虎、王朗三人；严白虎可恨，王朗可笑，唯独刘繇可惜啊。假使东汉末年他遇上的不是孙策，也许江东六郡最终就会归于他手，而那时的南方就是刘繇、刘表、刘璋三分天下了。可惜，他遇上了孙策，一切也就变成了遗憾。陈寿在《三国志》中对于他给出如斯评价："刘繇藻厉名行，好尚臧否。至于扰攘之时，据万里之士，非其长也。"说的是刘繇这个人本质上是个好官，却不是乱世之中割据一方的雄主。后世田余庆也有类似评价："刘繇并非封疆之才，在江东既无治乱安邦长策，又乏强大后盾。他以儒生外镇，只是汉朝风化所被、正朔所行的一种象征，别无其他作用。"

但无论如何，他能在袁术横行江左，目无汉室的时候，毅然抗争，他便无愧于宗室，无愧于大义。他，只是一个生错了时代的好人。

刘繇虽死，可豫章郡并没有在第一时间被孙策掌控，此时失去领导的豫章百姓公推刘繇临死前任命的豫章太守华歆接替刘繇为扬州刺史，暂代豫章郡事务。

七、初会鲁肃

花开两朵，各表一枝。孙策那头的事咱先放一放，回过头来说说我们已经被搁置许久的主角周瑜。就在孙策扫平江东的同时，周瑜这边也没闲着，倒不是说居巢县长的职务很繁忙，而是他趁着这机会到处结交有识之士，为孙策培养政治班底。

在周瑜物色的人中，就有一位值得一说，他就是鲁肃。《三国演义》里的鲁肃给人的感觉总是唯唯诺诺，一副老实人的姿态。然而，历史上的鲁肃可不是善茬，甚至说是个狠人。鲁肃论出身也是个豪强，但是由于是个孤儿，所以从小由祖母带大。长大后，鲁肃有了一个爱好——仗义疏财，扶危济困，说简单点就是撒钱。

撒钱这事吧，也得看形势，在乱世撒钱风险很大，因为你帮助过的人也许明天就没了，所以未必能及时给你回馈；另一方面，撒钱也会让你置身于危险之中，成为别人眼中的香饽饽。所以那个时代敢于撒钱也是要有底气的，而鲁肃手下的部曲便是其底气由来，敢在乱世撒钱的人绝对是狠人。

那周瑜和鲁肃的结识其实就来源于鲁肃的撒钱行为。《水浒传》里对宋江记载了这么一个故事，说宋江杀了阎婆惜后被刺配流放。然后途经戴宗的辖区时，被戴宗好吃好喝供起来了，然后宋江也做了件和鲁肃一样的事——撒钱。结果宋江撒钱引来了实诚人李逵的上门，谁能想到，这个铁牛后来为宋江出生入死，哪怕最后毒酒一杯也是随宋江走黄泉无怨无悔。

鲁肃撒钱也引起了周瑜的兴趣，周瑜便登门拜访，说："老鲁啊，我听说你喜欢撒钱嘛，能不能也来接济我一下？"鲁肃当下就问："那老周你缺啥啊？"周瑜就说："这乱世肯定最缺粮食啊。"当时的鲁肃家里有两个圆形大粮仓，每仓装有三千斛米，周瑜一说要借粮，鲁肃毫不犹豫，立即手指其中一仓，赠给了他。就是这么直接，就是这么慷慨，见面就分一半，鲁肃用实际行动诠释了"你正好需要，我正好专业"这个道理。当然，周瑜也是投桃报李，觉得这鲁肃很上路子，当下与他结交，世人称赞他俩的友谊好比当年的公孙侨和季札。

这里插播一下，季札也被称作公子札，是春秋吴国的公子，也是我们熟悉的吴王阖闾的四叔。当年寿梦做吴王的时候，就非常喜欢季札这个儿子，想传位给他，可季札推辞了。后来诸樊为君时，就定了个"兄终弟及"的规矩，希望王位哥几个挨个传下去，最后传给季札。可是呢，到了老三这，因为季札不愿接受王位，跑到外国去了，然后老三就传位给了自己儿子僚。后来的事情咱也都知道了，阖闾借口僚破坏规矩，安排了刺客专诸用鱼肠剑刺死了王僚。

那么公孙侨也许咱们不是很熟悉，但他另一个称呼我们应该不陌生，就是子产。子产是当时春秋郑国的公子，后来他作为国君发起了一系列偏向于奴隶社会过渡到封建社会的改革，涉及了土地、政治、教化等方方面面。而季札和子产见面的时候，子产还没有成为国君，但是季札却一眼洞悉时弊，他慷慨陈词说目前郑国国君无德，未来的国君之位一定会交给子产，希望子产为君之后，以礼治理国家。子产将季札的话铭记于心，后来果然在自己的政治生涯中践行着季札的叮嘱。

鲁肃与周瑜两人目前只能说是恰好各有需求，但倘若要真正成为过命之交则必须有一个相同的信仰，所以很快试金石就摆在了周瑜和鲁肃面前了。要说鲁肃这撒钱着实高调，既吸引来了周瑜，也把袁术给引来了。袁术得知自己治下竟然还有鲁肃这号人，也想将鲁肃收归帐下，想任命鲁肃为东城长。但鲁肃发现袁术部下法度废弛，不足与成大事，所以最终决定率百余人南迁到居巢投奔周瑜。

然后南迁途中，鲁肃为保不受袁术追击，就让羸弱的年迈长者走前面，精壮青年负责垫后。而袁术果然派了部队进行截击，结果鲁肃便让精壮青年摆下阵势，张弓搭箭对付来犯之敌。鲁肃慷慨陈词："你们也是七尺男儿，难道看不清楚形势吗？如今天下纷扰，没有永远的主公，也没有永远的奴仆，情缘留一线，日后好相见，莫要逼我兵刃相向啊。"而后鲁肃又对着追兵来了一梭子箭雨，箭头都把盾牌洞穿了。

八、周鲁东来

先是一波言语相劝，而后这一阵箭雨，将追兵们的心理防线给彻底攻破了，他们想想也是这个道理啊，未来的天下是不是袁术的还不一定呢，咱凭什么提着脑袋给他卖命？于是放弃了对鲁肃的追击。

鲁肃得以和周瑜成功会师于居巢，经过种种事情的考验，周瑜越发觉得鲁肃和自己志同道合，一样的胸怀大志，一样的审时度势，一样的可以为了信仰而抛家舍业。"求田问舍，怕应羞见，刘郎才气"，这才是乱世人的气概。

既然打定主意，那么周瑜和鲁肃便决定动身前往东部孙策处了。这一年是东汉建安三年，也就是公元 198 年，该年发生了很多大事。首先北面的袁绍和曹操相继高歌猛进，袁绍基本吃下了公孙瓒的所有地盘，并将公孙瓒围在了易京城中，公孙瓒此时只剩下一口气拖着了。而曹操东西两线相继开花，东线曹操消灭了盘踞徐州的三姓家奴吕布，拔掉了搠进自己大后方的钉子；西线长安内讧，李傕被部下所杀，曹操趁机进军关中，将势力拓展到了关内地区。

几家欢喜几家愁，袁术显然是最愁的那个人，因为吕布被消灭意味着自己的一大盟友被曹操吃掉。而此时孙策开始不服从袁术命令，袁术的版图被挤压在淮河以南、长江以北的狭长地带，更要命的是，早在一年前，即建安二年，袁术就堂而皇之地称帝了。旋即，曹操和袁术之间爆发了长期性的战争。

而孙策呢，孙策一面配合曹操等人挤压袁术，一面则展开对豫章的渗透，此时代理豫章的人之前我们也提了，叫华歆。和王朗一样，华歆也完全是赶鸭子上架，一个适合在盛世做官的人偏偏在乱世中被推出来做老大。

所幸孙策和华歆并没有太大仇恨，所以也就想以理服人，派原先王朗的手下虞翻前去敲打一下他。虞翻到了豫章郡开门见山便问华歆："老华啊，你寻思下，在这四海之内，你的名声和我前领导王朗相比，谁更大一些呢？（君自料名声之在海内，孰与鄱郡故王府君？）"那么，无论是出于谦虚抑或是华歆有自知之明，他肯定得说："比不得啊，比不得。"虞翻就是等华歆这句话。紧接着，虞翻又问："那你豫章的存粮有多少，兵器是否精良，士兵和我会稽郡比又是否勇敢呢？"从客观上看，豫章郡确实不能和会稽郡比，所以华歆又只能承认比不过了。

这时虞翻抢着接话道："讨逆将军（孙策）的才智可非常人所比，且用兵如神，早前驱逐刘繇你也是亲眼所见，而后南下战败我家老领导王朗，你也想必听说了。现在你想守备豫章城，自己都掂量出军粮不足，不如早早做打算吧，以免后悔无及。我话已说完，给你一天时间考虑，明天正午还不见你表态，那孙策可能就会送你去见你前领导刘繇了。"

华歆本就不是什么豪杰，虞翻这么一恫吓，他立马借坡下驴了，第二天一早，很有诚意地跑去孙策营中投诚了。至此，孙策已经整合了原扬州地区的豫章、吴郡、会稽三郡，基本控制了长江以南的广大领土。

而此时，周瑜和鲁肃便风尘仆仆地从袁术那赶来了。对于周瑜，孙策是喜出望外，亲自出姑苏城迎接，并授周瑜建威中郎将，调拨给他士兵两千人，战骑五十匹。此外，孙策还赐给周瑜鼓吹乐队，替周瑜修建住所，赏赐之厚，无人能与之相比。同时，孙策还发布命令："周公瑾雄姿英发，有经天纬地之才，与我更是总角之交，非比他人。当年我驻军丹阳，是他亲自率领部众前来投靠与我，还调发周舰粮草给我支持。今日我成了江东之主，这点微薄赏赐，真的是不足以报答他对我的万一啊。"周瑜二十四岁就能获得如此官职，真的是羡煞众人，以至于吴中百姓都呼他为周郎。这"郎"一词，一方面是说周瑜年轻，另一方面亦是夸口其长得潇洒啊。

封赏完周瑜，鲁肃该如何委任呢？史书只给了一句"策亦雅奇之"匆匆带过，也没讲孙策如何厚待鲁肃，多半只是看着周瑜的面子走走过场吧，基本就让鲁肃坐冷板凳了。无形之中，也为后来鲁肃情绪摇摆埋下了雷。

九、世族力量

孙策轻视鲁肃，未必就是军阀出身的大将看不起文人，只不过，孙策有着自己的一套班子，而这一套班子的人，对于鲁肃这个人并未高看。说起这个班子，就不得不提及一下之前要说的世家大族了。世家大族是如何形成的？这点还需要稍微展开讲讲，事实上贯穿于三国时期的一条线就是世家大族不断造势，利用后来的九品中正制正式在制度上确立了自己的无上统治。

要解答这个问题还得追溯到战国时期。当时，各国为了富国强兵，纷纷开始变法，实际上推动了社会从奴隶社会开始向封建社会进行过渡。秦朝是第一个封建王朝，然而，秦朝的官吏基本属于皇帝任命，其身份必然也是属于上层人士。可秦朝没过多久就被推翻了。取而代之的是汉朝，汉朝最初的官吏基本都是老一辈泥腿子的后代、门生。紧接着，到了汉武帝时代，推出了首个选拔官吏的制度——"察举制"，说白了就是乡里公推人品王，谁人品好谁上。

那么，这样问题就来了，假如 A 当时在朝中当官，然后 B 是被 A 推荐上去的，B 做了大官，肯定要记得 A 的好，然后 B 到时候举荐官员的时候，肯定要还 A 的人情债，这样就要从 A 的亲属子弟里找人了，那么被找上来的 C 日后肯定也要记得 B 的好，在自己选拔官吏的时候，是不是要考虑下 B 的家里人呢？久而久之，A、B 两个家族中做官的越来越多，他们的家族越来越富裕，这样就形成了庞大的官僚集团。这就是察举制带来的一个后果，再加上，刘秀建立东汉后对功勋集团非常照顾，这样一来，官僚集团在东汉有了长足的进步，以至于士族和外戚、宦官，成了东汉中后期的三大支柱，而我们常说的袁绍"四世三公"其实就是士族里的一个典型代表。

由于察举制的滥用，导致了地主阶级开始了分化，形成了士族地主阶级和庶族地主阶级。通俗点说就是大地主阶级和小地主阶级。大地主阶级对应的就是高门世家大族，而小地主阶级对应的就是寒门。有了阶级的分化就有了阶级的矛盾，虽然同属于地主阶级，可是地主阶级内部矛盾也是比较大的，士族地主阶级为了维护自己的阶级利益，后来就怂恿皇帝推行九品中正制，曹丕就成了这个被怂恿的皇帝。而此前，曹丕的父亲曹操一直是主张拉拢庶族地主阶级，打压士族地主阶级的。因为士族所拥有的经济和政治大棒将会限制皇权的独尊，而在封建时代前期，如果缺乏一个强有力的皇权，那么国家必然走向分裂，如三国，如南北朝。

同时，士族地主阶级长期享受高等待遇，慢慢变得腐化和无能，影响了国家的管理层。曹操正是看中了这两点才决定打压士族，抬高庶族的。但是，曹丕为了称帝和强大国力，他需要士族地主阶级在经济和政治上的双重支持。而要换取他们的支持，就必须制定令他们满意的政策，保障好他们的既得利益，九品中正制就应运而生了。

由于国家政策的扶持，士族地主阶级继续做大，有了钱就能生娃，生娃干什么？做官。做官干什么？捞钱。捞钱干什么？生娃。生娃干什么？再做官。如此循环往复，士族地主阶级中诞生了几大家族，如琅琊王氏、陈郡谢氏、河内司马氏等。而曹魏也是依靠着士族提供的大规模财力物力的支持，逐渐控制了三国。而取代曹魏的司马家本身就是士族中的大门阀，他上台自然要保障世家大族的利益了啊。

在这里，我主要以九品中正制最终成型的曹魏举例，而在孙策那里，同样遇到了士族的影响，在江东地界上有顾、陆、朱、张四大姓，这四大姓是吴地土姓，即使在今天的苏州地区，这四姓也依然占有一定分量。

但是呢，孙策、孙权似乎与曹魏不同，他们一如既往的国策是在与士族的斗争、妥协中将孙吴政权发展下去的，所以最终并没有出台一项九品中正制去维系士族利益。但是这并不能否认，在孙策立足江东初期，就一点也没有依靠士族。所以接下来就让我们认识下，这顾、陆、朱、张四家究竟是何方人物吧，简单来说，我就讲四个人来分别对照四大家族——顾雍、陆逊、朱桓、张温。

十、顾陆朱张

先说顾家，顾家相传是春秋越国王室后裔，也算是江南土生土长的豪门了，当时的掌门人叫顾雍，顾雍幼年时曾拜蔡邕为师，无论是《三国志》还是《三国演义》，蔡邕都是个非常耀眼的人。我们常说找个名师，自己就离成功进了一大步，所以当顾雍从蔡邕处求学回来，乡里乡亲的好似 20 世纪八九十年代的国人见了海归一般，那是锣鼓喧天，鞭炮齐鸣，红旗招展，人山人海！

孙策夺取江东后自然也要尊重这位当地名流，所以委任他为会稽郡郡丞，替孙策打理会稽郡的一切内政和民事。

紧接着就是陆氏，陆氏也是王室后裔，他是战国时田氏齐国之后，西汉初年汉高祖有个名臣叫陆贾，就是这个家族出来的。到了东汉末年，陆家里面的一支为孙策效力，另一支反倒成了孙策的仇家。先来说这仇家。如果大家细心发觉会记得我前文有提到，孙策曾经替袁术做过打手，消灭过当时不服袁术的九江太守陆康，所以这梁子算是当时结下的。而后呢，陆康有个儿子叫陆绩非常出名，他出名就出名在孝顺上，《二十四孝》中有一个叫作陆绩怀橘，说的是当时袁术设宴款待陆绩。

我们都知道，橘生淮南则为橘，所以袁术招待宾客自然少不了这个标志性的橘子。当时陆绩才六岁，宴会结束后，突然间就从袖子里掉落了两个橘子。而后袁术哈哈大笑，说："娃娃你吃了还带拿的啊？"陆绩倒是一点都不害羞，直接说："我妈没吃过，所以带回去给她尝尝。"于是乎，一场宴会洋相转而就被升华成了道德楷模，并被流传后世。

按理说孙策杀了陆绩父亲，陆绩应该恨死孙策才对，然而当孙策平定江东后，陆绩居然千里迢迢跑来拜见孙策，还请求做他下属。这场景像极了先说"我宁可饿死，从九江城跳下去，也不做孙策的官"，没多久又大喊"真香，真香"的识时务者了。而陆家另一支以陆骏为首，保持了对孙策一贯的敬意，陆骏后来还生了个儿子叫陆逊，陆逊的事情就得等以后说了。

再来说朱家，朱家祖上也有个牛人，叫朱买臣，与他相关的故事叫覆水难收，相信大家也基本听过，我就不再岔开赘述了。到了东汉末期，朱家在江东分成了两支，一支以朱桓为首，一支以朱治、朱然父子为首。朱桓发迹还在孙权时期,这边先说朱治父子,朱治按辈分可以做孙策的叔叔,因为朱治和孙坚的关系就好比孙策与周瑜。当年孙坚带兵北上,朱治也算是入股了不少部队,后来孙坚死后,孙策也受了朱治不少照顾,所以对朱治家族也是满是感激。不过值得一提的是,和其他三家不同,朱家出的人才都是军事型人才。

最后就要来说说压轴的张家了。提起孙吴的张姓名人,大家下意识想到的就是张纮和张昭兄弟,因为《三国演义》里就记载了周瑜与孙策会晤后,推荐孙策前往拜访张家二兄弟。但是,可能要让大家失望了,张昭兄弟虽然姓张,但是却和"顾陆朱张"四姓里的张姓没半毛钱关系,因为他们是地地道道的广陵人。而且,他们投靠孙策和周瑜也没有半毛钱关系。张纮和张昭兄弟都是在孙策打江东的过程中先后投入孙策帐下的,并被孙策格外礼遇。尤其是张昭,孙策还曾以齐桓公侍奉管仲的礼节来侍奉张昭,由此突出张昭地位。

那说完了不是吴郡张家的人,得回过来说说是吴郡张家的人了,这个人叫张温。张温的出场非常之晚,已经是孙权执政中期了,所以他的生平我们提前到这里讲意义也并不是很大,所以就提下名字一笔带过吧。

看完了顾陆朱张这四大姓,或许大家都明白了为何鲁肃不被孙策看中了吧？首先，目前孙策盘口就那么大，满打满算三个郡，吴地本土豪强还安排不过来呢，哪能顾得上你个外来户？其次，鲁肃并没有表现出自己的能力给孙策看到，虽然周瑜力荐鲁肃，可是孙策对其缺乏考验啊，所以两种因素交织之下，鲁肃在孙策时代基本就属于混吃等死的状况。

这个时候，孙策也顺利将袁术的势力挤压出了丹阳郡，目前四个郡的一把手分别为丹阳郡吴景、吴郡朱治、豫章郡孙贲、会稽郡孙策，可以说除朱治外，清一色孙家人。

十一、布局西线

自打孙策完成对江东的整合后，他便开始了创业的第二阶段。孙策的第一阶段一方面横扫江东，另一方面则是将袁术势力范围挤压出长江以南。而第二阶段，孙策将目标定为了复仇。

孙策父亲孙坚当年是在与刘表的交战中阵亡的，所以江东和荆州的梁子结得很深。在孙策稳固了地盘后，他便开始在西线布局，准备压缩刘表的生存空间。在这个布局中，我们依旧来说说三个人。

首先还是我们的主角周瑜，孙策先是命令周瑜守备牛渚（今天的马鞍山），作为扬州西北角的门户。到了建安四年（公元199

年）孙策要攻打荆州，又拜周瑜为中护军，兼任江夏（今湖北省新州西）太守，随军征讨。

这边要交代下荆州的区划，荆州面积相对扬州要大一些，基本涵盖了今天湖南、湖北以及广西、贵州、河南的一部分。东汉末期荆州分为九郡，分别是南阳郡、南郡、江夏郡、零陵郡、桂阳郡、武陵郡、长沙郡、襄阳郡、章陵郡。也就是我们俗称的"荆襄九郡"，因为在刘表统治下荆州一直很稳定，所以不像扬州那样区划时时变动。当时坐镇江夏郡的人叫黄祖，《三国演义》里说是刘表的磕头兄弟。当然，正史上黄祖虽然没有这么高的地位，但是也是刘表较为倚重的大将。一来是因为刘表手下文人多，像黄祖这样的武将属于稀缺人物，尤其是黄祖当年可是击毙了"江东之虎"孙坚啊，一时间名动天下。另一方面，江夏有着充足的人口及完善的城备，属于荆州地区的重镇，搁在今天就是副省级的城市待遇。另外，后来刘表死后，他的长子刘琦就是依靠驻守江夏来结盟孙吴，共抗曹操的。

所以北线战场主要就是刘表与孙策在江夏地区的死磕，而南线战场主要是在豫章地区。之前我们也说了，刘繇败亡之际，刘表曾打算将势力渗透到豫章郡，但委任的诸葛玄最后又被刘繇撅回去了。但这并不影响刘表想再度踏入豫章的决心，当时刘表有个从子叫刘磐，十分骁勇，经常侵扰豫章西部的艾、西安诸县。

于是孙策重新调整了豫章郡的人事规划，首先代首长华歆退居二线，孙策委任自己的堂兄，武将出身的孙贲为新的豫章太守，负责统筹整个豫章地区的军务。其次，在整个豫章郡的基础上划出海昏、建昌作左右共六县，成为一个军事战区，而太史慈便作为战区负责人，主要面对刘磐的进攻。孙贲和太史慈这样的双保险安排在西线，刘磐可谓是来一次，败一次，基本没过多久就绝迹不复为寇。

经过孙策的两头使劲，孙刘之间基本完成了攻守易型，以往是刘表来扬州地区找茬，可现在孙策将扬州地区守得稳稳地，还能主动出击揍刘表。到了建安四年（公元 199 年）年底，第一次江夏战役宣告结束，黄祖被孙策掳去不少人口。而且回师途中，孙策与周瑜充分发挥"搂草打兔子"的原则，趁着袁术和曹操主力在中原战场死磕，自己则与周瑜一举攻破庐江郡的皖城，俘获了当时袁术任命的庐江太守刘勋家人及他们部下的男女亲族。

值得一说的是，这些人里面居然还有两个国色天香的美人，想必不用说大家也都知道了，就是我们熟知的大小乔。江山美人，竟代折腰，一时间孙策和周瑜可谓是情场官场两得意，于是孙策对周瑜说："桥公之女，虽经战乱流离之苦，但得我们二人做女婿，也足可庆幸了。"他们二人一人便娶了大乔，另一人则娶了小乔。而后孙策又接着进攻寻阳，大败刘勋，彻底收下了庐江郡。

战后，周瑜被委派留守巴丘，负责守备孙策版图的西大门，而孙策便班师回吴郡了。无论是周瑜还是孙策都不会想到，此别竟是永别。回吴郡后的孙策又重新调整了下区划，将豫章郡一分为二，拨出部分州县设立庐陵郡，于是乎"江东六郡"已成规模，分别是庐江郡、丹阳郡、庐陵郡、吴郡、会稽郡、豫章郡。

这边孙策春风得意，那边袁术痛哭流涕，因为在汉建安四年（公元199年），袁术的生命也走向了终点，在一间破屋内，他呕血而亡，结束了滑稽且又荒诞的一生。

十二、孙策遇刺

袁术败亡后，孙策与曹操两家瓜分了他的版图，在西线，因为庐江郡的并入，孙策的势力得以越过长江。而在东边，孙策则因多次败给陈登，所以广陵一带反倒成了曹操的囊中物，曹军的势力一直推到长江北岸。

但是，为了拓宽战略纵深，对于广陵地区，孙策是势在必得的，同时西边的江夏郡作为荆州的门户，孙策也有意拿下。而就在孙策盘算着新的军事行动时，一个利好消息传来，曹操与北边的袁绍卯上了，大战一触即发。此外，刘备不知何时又再次逃回了徐州，并割据徐州自立，打出了反抗曹操的旗帜，如此重大的形势转变让孙策心潮澎湃。

孙策在心里萌发了一个设想，即趁着曹操和袁绍爆发大战之时，自己直接率领主力人马直扑许昌，而后控制汉家天子，号令天下。当然，这样一个设想在当时显得尤为不合理。为何呢？首先就是这事情记载得比较蹊跷，虽然《三国志》明显记载了孙策想要偷袭许昌，可是知道孙策偷袭许昌的就俩人，一个是陈登，一个是郭嘉。合着知道孙策偷袭许昌的都是对面的人，而自己这边无论是顾陆朱张掌门人还是孙策的连襟周瑜都蒙在鼓里，这事情不可笑吗？

而从现实角度上看，这一计划也相对不可行。综合许多对三国感兴趣的人的说法，我在此列举五点：1. 内部不稳定，首先虽然孙策已经整合了江东六郡，但从公元 195 年他渡江而来算起，到目前为止也就五年不到的时间，而最新纳入版图的庐江郡占领一年还不到，各方势力都在整合之中，这时候并不能说他的大后方有多稳固。2. 侧翼威胁，虽然孙策拿下了庐江郡，但是江北的陈登却将战线一路南推到长江边，此时虽然孙策的大本营不是秣陵（今南京），可万一孙策兵马一出，陈登渡江南下也并非不可能。除了陈登，西边的黄祖还准备一血第一次江夏战役的仇恨呢。3. 距离不对等，曹操和袁绍对阵的地方是在官渡，假如说孙策真的前去偷袭许昌，那么他到许昌的距离远比曹操要远很多，曹操回防无须大费周章。4.兵种问题，孙策的部队多半是以步兵、水兵为主，而北方骑兵为多，假如我们设想孙策渡过长江了，哪怕是陈登或是曹魏任何一个郡内出动兵马，都能快速追击孙策，将其截杀。5.人员配置问题，也就是说孙策如果真的要搞大动作，何故在那前后，无论是西边的周瑜还是南边的太史慈都未能得到诏令，难道偷袭许昌这种大事情，孙策还准备单干？

当然，既然《三国志》这么记载了，我们就从另一角度来看看，假如孙策真有这想法，他会怎样操作，将这个事情圆满地发挥好呢？当时的形势是这样的，徐州地区刘备再次获得了控制权，陈登和刘备与曹操的关系都还行，而曹操对于袁术原控制地区的新附地也是焦头烂额，时不时地会有袁术余部出来作祟。那么，假如孙策要偷袭许昌，他先得算时间，也就是曹操和袁绍正式开打时间，同时要算盟友，即和袁绍、刘备组成三角同盟关系，再利用刘备牵制陈登，解除自己的眼前困境。再然后，借道淮南、汝南一带，会合袁术残部发起对许昌的突袭。

突袭完了，如果能抢到天子最好，如果无法抢到天子，逼曹操回援，然后让袁绍得以南下，打通与刘备军团的会师之路，这便足以给曹操造成致命性的打击。我个人也倾向于孙策的本意只是想搅乱局势，而不是说趁机就北进中原地区，毕竟，以他目前的兵力，如何去守呢？何况，即使在曹操和袁绍厮杀之际，孙策的首要敌对势力也还是荆州刘表。

那么，真实的历史，孙策究竟有没有动偷袭许昌的心思呢？我只能说前人无法考证出的，后人就更难了，《三国志》姑妄言之，咱也就姑妄听之吧。因为无论孙策是否要偷袭许昌，都改变不了另一个历史事件。就在他扫平江东六郡后的第三个月，即建安五年四月四日，孙策在丹徒山中打猎，迎面就撞上了原吴郡太守许贡手下的三个家奴，孙策在马上问道："你们仨是谁？"这三人就撒谎说自己是韩当的部下，结果孙策一边说道"韩当部下我都认识，未见你等"，一边则张弓搭箭射杀了一人，结果其余两人反击，放箭射伤了孙策。

十三、身后疑云

孙策被射伤后并没有立刻死去，而是还顺手格杀了两人。但是，伤病之下的孙策最终还是没有挨过去，不久就一命呜呼了。按理说，面部受伤，有可能动到神经了，在古代医疗条件匮乏的年代，一命呜呼也属正常，但是历史似乎给孙策开了个玩笑，以至于死因还要恶搞了一番。

关于孙策死因，《吴历》给出的说法是医官说孙策这伤要静养，方能根除，而孙策闲来无事有天突然拿着镜子照了照，结果发现自己被这一箭毁容了。这下子孙策大喝："我的脸毁容了，以后咋还能建功立业呢？"于是鬼号了好一会儿，伤口崩裂，死掉了。

《搜神记》里则说：当时孙策治下有个叫于吉的方士，这个方士平时喜欢帮人看病，然后吗，居然还都看好了。这么一来孙策坐不住了，他觉得这样一个人出现在自己统治境内就好比埋了一个张角，只要他一引爆，那炸掉的可能是整个江东，于是孙策就亲手杀了于吉。可杀完于吉之后，孙策总感觉于吉的鬼魂缠着自己，后来也是在受伤后照镜子，发现于吉立在镜中，回头看，又不见于吉，如是再三。孙策摔破镜子，奋力大吼，伤口崩裂而死。

反正无论是自己气自己还是看见于吉动怒，孙策都是因为照镜子发怒而死的。历史不喜欢无考据的东西，但是小说就不一样了，所以《三国演义》就收录了于吉鬼魂作祟一说，到了后来翻拍的各类电影电视剧那就更是天马行空，把孙策被于吉鬼魂报复拍得和聊斋一样，吓人至极。

不过在孙策临终前，他还是强撑一口气，给孙家定了接班人，避免了江东因为他一死，再度陷入分裂之中。孙策喊来张昭等人，指着二弟孙权托付后事："中原正在大乱之中，凭我们吴、越的兵众，三江的险固，足以观其虎斗成败。你们要好好辅佐我弟弟！"同时又招呼孙权，将印绶交予他，对他说："率领江东兵众，决战两阵之间，横行争衡天下，你不如我；但举贤任能，使其各尽其心，用以保守江东，我不如你。"而后孙策便去世了，享年二十六岁。

孙策临终前没有选择将大权委任给自己尚在襁褓的儿子孙绍，也没有选择将大权传给性格等方面更接近于自己的孙翊，可见其确实是经过深思熟虑的。但也正如孙策所说，孙权只能作为一个守成之君，并非具备像自己一般能力的开拓君主，因此基本不指望他争天下了，但是他调和内部矛盾和各世家的水平还是很厉害的。后来的历史也证明了这一点，孙权执政时期接连面对两次灭顶之灾（赤壁之战及夷陵之战），可孙权都化险为夷地挺过来了，可能有巧合的成分，但无法否认孙权确实控住了全场。

十六岁丧父，二十一岁开始驰骋疆场，五年时间打下了整个江东，这是孙策的奇迹。年轻且又能力超绝是他的长处，可是历史却没有再给他发挥长处的机会。他死的时候比刘备、曹操都要小很多，如果他不死，未来的天下不知还会被他如何搅动。而我们所能知道的是，即使后来在孙权长达半个世纪的掌权过程中刻意地淡化了他兄长的功绩，但最终孙皓上位还是凭借着那句"有桓王之风"而赢得了朝野上下的人心。

虽然孙策指定孙权为接班人，但即位之初的孙权还是未能得到各方的一致认可。先说孙策病危之际，张昭等人优先提议立孙翊为继承人。但是孙策并没听从，而后又托孤给张昭，张昭虽然站到了孙权这边，可并非就一帆风顺了。

毫无战功威望的孙权要面对的是资历和战功都比自己大很多的叔伯兄弟，还有自己父亲及兄长留下来的旧部。因为真实的历史并非《三国演义》，孙策死前没有高呼那句"内事不决问张昭，外事不决问周瑜"。所以，此时身在西线的周瑜对自己是何等态度呢？还有，南线的太史慈，兄长当年收服的人同样和自己没什么交情，他又是否会对自己一贯如初呢？这些都是孙权要考虑的问题。

然而，似乎是冥冥之中自有天意，就在孙策病故的消息传出后不久，远在西线的周瑜就回来了。江东的天下究竟能否摆脱"主少国疑"的困境，就让我们拭目以待咯。

第 三 章

经略江左，少主老臣须权衡

一、暗流涌动

周瑜在未经孙权召见的情况下及时返回吴郡，这个行为很微妙。因为在过去，新君刚刚接班，封疆大吏便入朝，这个做法有好有坏。好的自然是及时像君主表忠心，但就怕有些糊涂蛋君主，怀疑你这是要来夺权了，那么一番忠心完全被当成奸邪了。

很显然，孙权没有辜负他兄长对他的评价——知人善任。看到周瑜风尘仆仆赶来立刻是倍感欣慰，二话不说，也不让周瑜回巴丘了，直接留在吴郡做中护军，同长史张昭共同掌管军政大事。

孙权敬周瑜一尺，那么周瑜肯定也得还孙权一丈，由于当时的孙权名义上还不过是汉室朝廷的一个将军，所以大家对孙权的礼节也就那样。可是自从周瑜回来后，孙权发现，周瑜对自己的礼节简直就是君臣之礼。很多人都是嘴上说着不要不要，但是身体却很诚实。孙权就是这样一个人，虽然知道自己只是一方土皇帝，但一旦别人把自己当成真皇帝供着，那么也是会欣然接受的，甚至说越多越好。

周瑜可以如此做，但不代表江东这片土地上，个个都是周瑜。且不说那些外藩，就是孙家人里面，也有些人心思不纯。首先就是孙贲、孙辅兄弟，孙贲我们之前有提过，这个人的身份很尴尬。因为孙坚有一兄一弟，而孙贲就是孙坚兄长孙羌的长子，孙贲又比孙策年长，所以在孙家第二代里面，孙贲是最为年长者。

除了年纪大之外，孙贲威望也高，要知道在孙坚死后很长一段时间内，他的旧部是被吴景和孙贲所带领的，甚至孙贲曾一度继承孙坚的官位。直到后来刘繇入主江东，孙贲和吴景被赶回了江北，孙贲的威望开始动摇，而后孙策领兵横扫江东，彻底奠定了孙氏领导人的地位。

但是孙策的威望毕竟是孙策的，而一旦孙策死，孙权是否能镇得住孙贲，这就两说了。好在孙贲这个人并不是很贪恋权势的，所以史书也没有提到孙贲对孙权有怎样的不满。但低调做人的孙贲却遇上了一个不低调的弟弟。孙辅就是孙贲唯一的弟弟，他觉得这孙家最早是哥哥带领的，可突然之间成了孙策的了，领导权从哥哥手里到了堂哥手里，但孙策有本事，自己也能服他。而孙策一死，新来的这个堂兄孙权可是没什么闪光点，那么孙家的掌门人是不是应该再从孙权手中转移到自己哥哥手中呢？退一万步说，假如自己哥哥不想做，那么自己也可以代劳啊。

此时的孙辅刚刚做了庐陵太守，也算是江东六郡之一的领导人了，且又被加封为交州刺史（这个官职看起来很无厘头啊，因为当时的交州还是士燮的天下，他这个刺史如何做？），所以孙辅一时间觉得自己也算是有点政治资本了。但是考虑到自己手头的这点兵力要想取代孙权还是不可能，所以他便想到了外援，这个外援就是曹操。

孙辅也许是保密工作做得不到位，和曹操往来的书信很快就被孙权给截和了。结果可想而知，这种事搁平常只有一死啊，但考虑到孙辅的兄长孙贲还活着，孙权不想加深自己与孙贲的嫌隙，所以只是将孙辅软禁，直到孙辅生命的终点。

不仅孙权伯父家的儿子不安分，他叔父家的儿子同样也不安分。孙坚还有个弟弟叫孙静，孙策起兵时，孙静也在军中出谋划策，尤其是打会稽郡的时候，王朗坚守不出，是孙静出的计策诱使王朗出城，然后围歼的。

孙静一共生了五个儿子，长子叫孙暠，这个人当时在乌程一带驻兵。孙策死亡的消息第一时间传到孙暠那，他便起了一个坏心思，他准备趁着大家都忙于料理孙策丧事，自己带一支奇兵拿下会稽郡，将孙权围死在吴郡，逼他让位。但是在会稽治所这，孙暠遇到了一个硬茬，这个人就是当年王朗的部属虞翻。虞翻很硬气地说："先主孙策已经驾崩，我们也认可了新主孙权的统治，我们这边城高兵雄，你要是不怕死就过来吧！我倒要看看谁活到最后。"孙暠看虞翻这架势，心里掂量一番后想想还是算了。

二、少主孙权

孙暠因为审时度势，事后倒也没有被孙权清算，不过值得玩味的是，后来孙吴末期　孙暠的俩孙子孙峻、孙綝又相继弄权，把吴国搞得一塌糊涂，不可谓不讽刺。

当然，无论是孙辅还是孙暠，这只是孙氏集团内部对于孙权的轻视，在外部，孙权受到的压力同样不小。首先是孙策一死，庐江太守李术反叛了。庐江这个地方我们应该是相当熟悉了，周瑜的家乡，同时也是孙策一生中最后一块征服的地方。孙策在征服这块地方后，任用李术这个人为郡守。这么一来，就有一个问题浮现上来了，因为之前孙策的人事安排，基本是任人唯亲，起初四个郡除了朱治外都是孙家人或是舅舅吴景。那么，这个李术究竟有何本事，可以打破孙策固有的用人模式呢？

翻阅史料，我并没有发现这位李术有何过人之处。史书就记载了一件事，李术替孙策杀了曹操委派过来的扬州刺史严象，仅此而已。那么我们就不必在意为何孙策要委任李术为庐江太守，而单独从李术叛乱这件事本身去分析。

首先，其实李术叛乱只是地方势力对新任领导人孙权不信任积累到一定程度的一个外化。《三国志》记载说："不肯事权，而多纳其亡叛。权移书求索。"从《三国志》中记载看，当时"亡叛"的人不在少数。为了摸清楚李术的意图，孙权首先并没有采取强硬的行动，而是致信李术，要求他扣留"亡叛"者。

这一招孙权看似示威，其实也是在示弱。他希望通过这样一个方式来让李术给自己表决心，以此达到能像周瑜一样积极辅佐自己的效果。但是显然李术不是周瑜，他直接叫嚣道："有德见归，无德见叛，不应复还（归还叛逃者）。"潜台词就是李术表示你哥孙策有本事，我服他，至于你，我鸟都不鸟。因此，孙权决定首先拿李术开刀立威。

其次，战略上的考量也逼得孙权不得不尽快解决庐江问题，因为在江东六郡中，只有庐江郡是孤悬于长江北面的。这既是阻碍北方强敌南下的桥头堡，又是孙家以后北伐中原的前哨站，战略位置尤为重要。由于孙策时期，东线陈登一直将战线推到了长江边，所以要想和北方列强博弈，那么孙权只能仰仗庐江这个西线跳板，一旦这个跳板也丢了，孙权真的只能抱着长江睡大觉，坐看北方战火遍地了。

同时，庐江郡也是孙权治下六郡人口的前三甲，兵员钱粮充裕富足，这也迫使孙权不能坐视它的流失。为了能够更好地消灭李术，孙权首先进行了外援工作。经过战争推演，孙权能想到的第一件事就是结好曹操，因为一旦李术作乱他首要联合的便是北方的曹操。考虑到李术曾经击杀过曹操委任的扬州刺史严象，所以孙权便旧事重提，借机引发曹操与李术之间的敌视。孙权给曹操的信中说：

严刺史昔为公所用，又是州举将，而李术凶恶，轻犯汉制，残害州司，肆其无道，宜速诛灭，以惩丑类。今欲讨之，进为国朝扫除鲸鲵，退为举将报塞怨仇，此天下达义，夙夜所甘心。术必惧诛，复诡说求救。明公所居，阿衡之任，海内所瞻，原敕执事，勿复听受。

一封信能否影响一个人的态度呢？事实上并不会，但是在孙权消灭李术期间，曹操确实做到了不闻不问、不管不顾，这又是为何呢？原因很简单，一个人、一场战争。

先说一个人，这个人就是之前提到的张纮，在孙策死的前一年，孙策准备派一个人去北方宣扬自己的威望，说得好听点是派使者，说得难听点就是派了个间谍。这个人选一开始准备拟定的是虞翻，结果虞翻一听去北方，头摇成拨浪鼓一样，俩字：不去。那没办法，就只能派张纮前往了。所以当孙策去世的消息传来，曹操也是第一时间想着南下摘桃子。结果张纮就说，"礼不伐丧，您万一征讨不能立即取胜，反而得罪了孙权，两家由此交恶是得不偿失的事情。"曹操想想觉得有点道理，就暂时搁置了。

但是张纮的劝兑显然不可能是最主要原因，最主要的莫过于公元 200 年，曹操和袁绍的官渡之战打响了，决定北方未来走向的这场战争拖住了曹操的一切行动。外部环境一切正常的情况下，孙权终于发动了对李术的战争。

三、南北殊途

《三国志·吴主传》记载：是岁举兵攻术于皖城。术闭门自守，求救于曹公。曹公不救。粮食乏尽，妇女或丸泥而吞之。遂屠其城，枭术首，徙其部曲三万余人。

短短数句话就为我们勾勒了这场战争的惨烈：皖城内弹尽粮绝，甚至出现了吃人现象，最终破城后也遭到了屠城。孙权用铁血手腕树立了他接任江东后的威望，当年他也才十八岁。

战后，庐江太守这个官职最终交给了宗室孙河，同时孙河被拜为威寇中郎将。孙河这个人和孙家关系较为疏远了，可能他的父亲只是孙坚的堂兄弟，不过好在孙河有出息，征战之中屡立战功，由此也被孙策、孙权兄弟所重视。

战场上的胜利增强了孙权的威望，但部分大臣还是离他而去了，比如说华歆。之前我们曾经提到过华歆，华歆这个人曾经还代理过一阵子豫章太守，但后来考虑到孙策的威慑，最终选择了归顺。但也许华歆只是身不由己，选择暂时折服而已，所以面对孙权的拉拢，他并没有像虞翻一样借坡下驴。

也许冥冥之中自有天意，此时官渡之战爆发，曹操百忙之中居然还上书汉献帝招揽华歆来许昌。孙权刚刚接班，自然不愿意放走华歆这样有名望的人才，所以极力挽留。但是华歆却对孙权说道："主公啊，您现在与曹操交好，是因为对于天子尊敬，恭奉王命。但是您心里应该清楚，您与曹操的这份交情可并不牢固，所以您需要一个为您加深友谊的人，而我就是这样的人。您留我在您这，我也发挥不了什么作用，这是毫无意义的事。"

孙权经他那么一忽悠，立刻觉得说得很对嘛，于是准备送他去许昌。华歆要去北方了，他昔日的好友及学生都赶来相送，竟然一下子聚集了千余人，这可真是影响力巨大了。那么既然要送行，就必然会馈赠一些东西，华歆也没有当面拒绝，只是在收到的财货上做了标记。等到临别之日时，他就将这些财物摆出来对大家说："之前啊，各位都馈赠我不少礼物，所以我现在收到的礼物得值个数百金了。现在世道乱，我呢，又是个手无缚鸡之力的书生，我带着这么多财物上路，那上的就不是去许昌的路，而是去黄泉的路了。所以呢，大家要不帮我想想办法？"

华歆这话一说出来，大家寻思了半天，发现并没有什么好的方法，能确保华歆带着这么多钱财上路还不出意外，所以也就各自带回了各自送的礼物。华歆这一举动真的是做足了戏，这样一来大家使劲夸赞华歆高风亮节了，华歆由此又收获了一波赞誉。

话说回来了，华歆入朝后有没有给孙权构建桥梁呢，史书对此没有记载，只是粗略记载了华歆入朝后的官职升迁。华歆到京师后，被授任为议郎，兼司空军事，后升任尚书，又转升侍中，再代荀彧为尚书令。后来曹操征讨孙权时，还任命华歆做了军师。由此可见，华歆对孙权拍胸脯保证的条条框框基本就是空话，统一北方没过几年，曹操就发起了对孙权的赤壁之战。

和华歆一样，王朗也在差不多的时间线上走上了去许昌的道路。最终，这俩人在许昌又碰头了。很有意思的是，这俩人年少时期相交，中年时期又同样被孙策击败，到了晚年时期，曹魏建国，这俩人还位列三公之二，不可谓不是造化。

华歆和王朗的开溜也让另一个人萌生了退意，这个人就是我之前提到的鲁肃。在周瑜将鲁肃引荐给孙策之后，鲁肃长期处于坐冷板凳的状态。久而久之，心里有情绪也是必然的。尤其是孙权刚刚上台，加深了鲁肃的疑惑。在孙策殒命的前几个月，鲁肃的祖母也去世了，之前也说到，鲁肃是祖母一手带大的，所以祖孙俩感情很深。

因此，鲁肃自然而然要回去处理祖母后世。当时曹操帐下有一谋士叫刘晔，这个刘晔也是汉室宗亲，而且论血缘比刘备、刘表等人都要近很多。他和鲁肃交好，便写信给鲁肃，信中说："如今天下大乱，四海豪杰蜂拥而起，兄弟你身怀济世之才，正是在这世道一展身手的时候。你千万不要留恋孙家，带了家人可前往巢湖投靠一个叫郑宝的人，此时占据富庶之地，不少英雄豪杰都前往投奔，你切不可错过。"

四、劝留鲁肃

刘晔说的这个郑宝在历史舞台上就是个打酱油的山大王，而刘晔这厮投靠郑宝没多久就把郑宝给杀了，而后投了曹操了。当然，这是后话，鲁肃接到消息的时候刘晔还没有杀郑宝，所以鲁肃合计了下，觉得得听刘晔的话。

料理完祖母的丧事后，鲁肃便带上家眷，准备向周瑜辞行。鲁肃向周瑜阐述了刘晔对自己的拉拢以及自己目前对于孙家执掌江东未来的担忧。周瑜何其聪慧，他从中也看出了鲁肃的犹豫，不然随便找个理由搪塞自己不就行了吗？

于是周瑜立马拉着鲁肃说了这么一段意味深长的话，他说："以前伏波将军马援曾经对光武帝说过这样的话，'今日之形势，不单是君主可以选择臣下，臣下也可以选择君主的'。现在的少主孙权亲信贤人智士，接纳奇才异能，况且我听说古代哲人的神秘论证，接承天命替代刘氏者，必定起于东南，推算历数观察形势，最终会造建起帝王基业，与天命相符合，也正在东南。现在正是有识有志之士归附英杰的时代。我正领悟到这个道理，你不必把刘子扬的话当作一回事。"

周瑜说得很有道理，大致说明了这么几层意思：一、良禽择木而栖，贤臣择主而事，这是没有错的。你千万不要有什么心理负担。二、既然说到这了，您就该相信，我们的新主公孙权恰恰就是这样一个明主。三、我夜观天象，孙家会取代刘家成为天下的主人，所以你应该顺应天命。四、刘晔这货纯属扯淡，别信他，我还就不信了，一个山贼郑宝能成气候？

周瑜与鲁肃交心，那么他的这一番话或多或少会让鲁肃重新考虑的，而接下来的一件事，让鲁肃开始坚定留下的决心了。因为果如周瑜所说，这个刘晔投靠郑宝后没多久就翻脸了，杀了郑宝投靠曹操。刘晔这么做让鲁肃明白，老刘对自己的这一番忽悠未必就出于本心，也许是郑宝的威逼利诱，而如今他投曹操，依照他的心胸，自己也去曹操那，会不会就是孙膑见庞涓——不死也残了？

那么打定决心留下来了，接下来就得看看孙权的态度了，要是孙权还像孙策一样让自己坐冷板凳，那就真的无望了。周瑜自然也知晓这一点，于是他赶忙趁热打铁，向孙权推荐鲁肃，说他有才干，可为辅佐之臣。同时周瑜也建议孙权应该多方搜罗鲁肃这样的人才，以成就大业，不能让他们流散外地。

周瑜何许人也，孙权对于他的话语，从来都是言听计从的，至少目前是如此。但是，鲁肃究竟有何等才干，该委任他怎样的官职，这就需要考量一番了，于是乎，一场属于鲁肃的"隆中对"由此拉开序幕。

《三国志》原文记载如下：

权即见肃，与语甚悦之。众宾罢退，肃亦辞出，乃独引肃还，合榻对饮。因密议曰："今汉室倾危，四方云扰，孤承父兄余业，思有桓文之功。君既惠顾，何以佐之？"肃对曰："昔高帝区区欲尊事义帝而不获者，以项羽为害也。今之曹操，犹昔项羽，将军何由得为桓文乎？肃窃料之，汉室不可复兴，曹操不可卒除。为将军计，惟有鼎足江东，以观天下之衅。规模如此，亦自无嫌。何者？北方诚多务也。因其多务，剿除黄祖，进伐刘表，竟长江所极，据而有之，然后建号帝王以图天下，此高帝之业也。"权曰："今尽力一方，冀以辅汉耳，此言非所及也。"

大致是啥意思呢，就是孙权和鲁肃进行了一次屏退左右的密谈，至于为何这种你知我知的密谈可以流传出来被后人记载，我们就不去纠结了，还是从内容上看吧。孙权先抛出了一个问题问鲁肃："现在汉室倾颓、四方动荡，我想承继父兄未完成的事业，追思齐桓公、晋文公勤王的功业，先生你看该如何辅佐我呢？"

孙权的意思很明显，我就想做春秋五霸时期的霸主，尊王旗下争雄长。

鲁肃很直接地说："主公啊，当年汉高祖刘邦也是和您一样的想法，但是却没办法尊崇楚义帝，为啥，因为有项羽为害！"

五、天下三分

紧接着，鲁肃就把曹操比作项羽，告诫孙权，有曹操这样的人在，您又如何做齐桓公、晋文公呢？鲁肃首先就打破了孙权想要"奉天子以法不臣"的天真想法，告诉他，你想做的曹操已经做了，你也取代不了他。

说完这些，鲁肃又说了一句诛心之论："我寻思着吧，这汉家天下肯定是不可能复兴了，曹操呢，也未必能短时间内消灭。我出于对您的考虑，您应该坐断东南，冷眼旁看天下刀兵，这样就能发展好自己了。"

要知道，那个时代，汉家皇室虽然衰败，但在民间，至少是读书人心目中，尊奉汉室依然是不屈的信仰。即使在多年后，刘备与诸葛亮见面时，讨论的还是如何重振汉室。曹操至死不敢称帝，诸葛亮兴兵北伐打出的旗号也是"兴复汉室"。而鲁肃你居然在这个时机敢说这样悖逆的话，这难道不是诛心之言吗？

鲁肃敢这么说，周瑜也敢，不然他也不会用"孙氏将会取代刘氏"的理由挽留鲁肃了。所以如我前文所说，周瑜和鲁肃恰恰就是一类人。用吕思勉的那个"好乱之士"评价并不为过，但中国的历史推陈出新，更迭不断，不就是依靠这一个个"好乱之士"完成的吗？

鲁肃能说出这话，孙权当时必然是有些震惊的，因为这种话他周围的大臣未必会和他说，就算他们心知肚明，但也不敢挑破。可是，鲁肃却说了，于是孙权沉默，等待着鲁肃后续的发言。

鲁肃又接着说："为什么我们不要参与到北方争雄之中呢？因为北方战乱多，所以趁着他们战乱多，我们便可以向西攻破黄祖，进而灭掉刘表，然后逆江而上，拿下刘璋的益州，在川中称帝，这就是当年汉高帝刘邦的套路啊。"鲁肃给孙权出的规划是，消灭刘表，夺取荆州　与西边的刘璋，北面的曹操三分天下。而后，消灭刘璋，再行北伐，一统天下。

鲁肃这个目标很宏伟，孙权听了，就说了一句话："我现在努力保守一方，就是为了庇护大汉，您所说的，我能力不及啊。"正如我前面所说，有些人嘴上说不要，身体却很诚实。孙权就是这样的一个人。他现在觉得鲁肃这想法不可行，可在后续近半个世纪的执政生涯中去都是按照鲁肃的战略规划执行的。只是，因为刘备取代了刘璋，让他的计划只能推进到荆州地区。

当然，换句话说，孙权也许当时就很中意鲁肃的想法了，但是他也不能立刻表态，毕竟属下悖逆也就算了，君主不能悖逆，尤其是这种还写进史书里的密谈。

既然说到这个天下三分了，很多人喜欢把鲁肃的计划和诸葛亮的计划进行比较，包括易中天老先生在"品三国"时也着重说了这段，我也看了看网上一些人的说法，基本上是认为鲁肃的"隆中对"高于诸葛亮的"隆中对"的。梳理了理由，大致如下四条：

一、鲁肃比诸葛亮提出得早，所以诸葛亮是鹦鹉学舌，抄袭别人的话语。

二、诸葛亮愚忠，对于汉室这个被时代淘汰的东西眷恋太多，目标太理想化。

三、诸葛亮的计划需要特定的人，特定的契机，特定的要求才能达成，而鲁肃只需要按照既定目标操作，无论是谁都可达成。

四、从结果来看，诸葛亮的预计基本没达成，鲁肃的计划虽然因为刘备介入有偏差，但基本达成了。

针对以上四点，我们可以挨个分析下，因为鲁肃与诸葛亮都是一时豪杰，《三国演义》踩一个捧一个那是因为它是小说，小说需要人物冲突，但历史毕竟不是小说。先说第一条，这条说得很是无厘头，因为诸葛亮和鲁肃在赤壁之战前又没见过面，而且这又是鲁肃和孙权的私人面谈，难道还能搞得路人皆知。而且，这诸葛亮和鲁肃所提出的三分天下还是有很大的不同。同样是汉堡，难道麦当劳能去告肯德基抄袭？所以，真的不能简单地按照时间先后来武断认为谁抄袭了谁。

六、新旧交替

接着说第二点，不可否认的是，诸葛亮的提议确实有些理想化，但是也得考虑一个前提。首先，诸葛亮的老板是谁？刘备啊。鲁肃的老板是谁？孙权啊。你老板要兴复汉室，而诸葛亮直接说："刘豫州，你洗洗睡吧，汉室不可复兴。"这话一说出来，谁能接受？

更何况，刘备早年间颠沛流离，却能不断跌倒之后不断爬起，靠的是什么？靠的就是汉室宗亲这块招牌，你给主公出谋划策首先就把招牌砸了，那还搞什么呢？

那么，第三点这倒是说对了，诸葛亮的"隆中对"确实需要特定的契机、特定的人物、特定的要求才能达成。契机是什么？天下有变。特定人物是谁？刘备与另一上将。特定要求是什么？

益州、荆州全在掌握，两州同时出兵。

所以后来关羽北伐失败，一是因为没有等待天下有变，二是关羽是不是诸葛亮所谓的上将这有待思考，三是荆州、益州未能同时出兵，那最后只能是尴尬了。

鲁肃的操作优点就在于稳扎稳打，换了谁都可以执行，所以鲁肃死后，吕蒙、陆逊、步骘、陆抗都是按照这计划执行的。所以关于第四点，从结果来看，诸葛亮和鲁肃可以说都是失败的，鲁肃的计划可能达成得较为好一些，因为荆州大部分地盘还是被孙吴拿下了。但是蜀汉后来虽然羸弱，也不能就此说诸葛亮的三分计划未完成，只能说各有利弊吧。

无论如何，这次谈话孙权算是真正意识到鲁肃的地位了，而后将其纳入自己的智囊团队。一朝天子一朝臣，虽然孙权不是天子，可是在他刚刚即位的三年里还是完成了自己的一个班底建设。孙贲因为弟弟孙辅的事情，被外放在豫章，与中央权力再无接触可能。舅舅吴景也因为年事已高，退居二线了。除了张昭及孙权父亲孙坚在世时的三大将（程普、黄盖、韩当）外，孙权父辈的老臣目前发挥动力的也就朱治了。朱治对于孙权可谓父亲一般的人物，自然不可能动他。所以，在孙权面前，提拔一批忠于自己的人很有必要，鲁肃是一个，但绝不是唯一一个。

比如严畯，严畯这个人也是因为北方大乱而南下的士人，而且此人还是精通于天文地理的士人，据说他曾经撰写的《潮水论》是中国最早研究潮汐的相关著作。很可惜，因为年代久远，这本著作失传了。在文学研究上，严畯还是有两把刷子的，比如初次见面，孙权问严畯平时读过啥书，严畯就读了一篇《仲尼居》给孙权。

结果孙权听着也没觉得有啥问题，可一旁的张昭却生气了，原来这个《仲尼居》中有一句孔子对于曾子的教诲："夫孝，始于事亲，中于事君，终于立身。"也就是说，这孝道啊，侍奉双亲是最基本的，而后才是忠于国家，最高层次的是提高自身境界。这道理本身无可厚非，但是在孙权面前说起来就有些问题了，合着你忠君爱国只是第二个境界，最高境界是为了自己，那你这不是本末倒置了吗？就好比今天你把个人利益看重于国家利益，这思想分分钟要被批判嘛。

所以发现严畯这人有读书读傻的潜质，他的推荐人张昭赶忙给严畯补救。严畯有个朋友叫诸葛瑾，当时也通过孙权姐夫弘咨的关系被推荐给了孙权。读过《三国演义》的朋友肯定知道这个诸葛瑾是诸葛亮的兄长，但是无论是《三国演义》还是正史《三国志》，对于诸葛瑾这个人物前期的戏份并不多，我也就不拓展开来了。

在提拔了严畯和诸葛瑾之后，步骘也进入了孙权的视野。步这个姓很特别，但对于他的上位，孙权的姜室也出力不少，因为孙权的宠姬就叫步练师。为何要称其为姜室呢？因为终其一生，都未能算得上是孙权名义上正式的妻子，虽然她是孙权最宠爱的女人。孙权称帝后为了扶她做皇后，跟大臣们僵持了很多年，甚至有说孙权晚年精神有些狂躁都是因为哀思步练师的缘故。步骘虽然不是步练师的直系亲属，但也算是同族，所以孙权多少对其有些青睐，又因为他与严畯、诸葛瑾交好，所以被提拔也是常理之事。当时的步骘只是被孙权提拔为主记（主管记录的人），还需时日经历政治上的锤打。

七、纳质事件

有了一些新人物的加入，孙权这套政治班底也算是基本搭建起来了。但是危机紧随其后也降临到孙权面前，建安七年（公元202 年），北方官渡之战已经打完。袁绍病逝后，他的三个儿子，一个外甥闹起了内讧，袁绍的四州地盘分崩离析。

面对北方袁家残余势力的厮杀，曹操积极进取，准备一举统一北方，但是，对于南方的控制曹操也不停歇。荆州刘表垂垂老矣，而江东的孙权却还年轻，于是曹操就以孙权在北方开战的时候没有表态站队为由，要求孙权派送人质。

古代两个政治集团间互派人质一般都是选择自己的儿子或者弟弟，孙权的儿子都还小，弟弟又舍不得，所以两难之间孙权召开了大会进行商讨。可一开大会，底下这帮文臣就开始互相攻讦，搞得是乌烟瘴气，无法裁决。

孙权本人是不希望送儿子做人质的，但是这帮文臣也说不出个所以然来，所以也带了周瑜去找母亲吴太夫人商议此事。送家里人给曹操，找母亲商议这是可以理解的，但是为何要捎上周瑜呢？我个人的猜测可能是毕竟周瑜和孙策结义，也登堂拜过母，所以孙权把这件事作为一件家事处理，把周瑜当作家人。

周瑜进了内室就慷慨激昂地说道："以前楚国的先祖被周天子分封在荆山一带，方圆不到百里。赖以他们的后嗣贤明且能开拓领土，在郢都建立根基后，筚路蓝缕，最终占据荆扬之地，疆域一直抵达南海。子孙后裔传国延续九百多年。将军您继承父兄的余威旧业，统御六郡，兵精粮足，战士们士气旺盛。而且，铸山为铜，煮海为盐，铜可以铸钱、盐可以满足日需。到时候人心安定，士风强劲，可以说所向无敌，为什么要送质于人呢？人质一到曹操手下，我们就不得不受制于曹氏。那时，我们所能得到的最大的利益，也不过就是一方侯印、十几个仆人、几辆车、几匹马罢了，哪能跟我们自己创建功业，称孤道寡相提并论呢？为今之计，最好是不送人质，先静观曹操的动向和变化。如果曹操能遵守道义，拯救天下，那时我们再归附也不晚；如果曹操骄纵，图谋生乱，玩火必自焚，将军您只要静待天命即可，为何要送质于人呢？"

孙权本就不想送人质，周瑜这一番说辞让他心满意足，接着就看孙权母亲吴国太的反应了。吴国太自然也舍不得孙儿，于是赶紧附和周瑜对孙权说："公瑾所言非常有理，他与你兄长同岁，我亦将其当作儿子，你应该以兄事之。"既然孙权已经得到了自己想要得到的答案，那么外边这些大臣的主意基本就可以无视了，于是送子事件就此作罢。

孙权拂了曹操的面子，那曹操能不追究？追究肯定是要追究的，但是此时的曹操显然没这个时间。袁家的内讧已经进入白热化状态，所以曹操决不愿意放弃这一千载良机，趁着袁家内讧，一举统一北方，便在今日。至于孙权的南方，在曹操印象中一贯就是传檄而定的地方，不足为虑，只是惯性思维注定让曹操后来要吃尽苦头。

趁着曹操鏖兵北方，孙权也要开启他的扩张计划了。根据鲁肃的"隆中对"，孙权的首要目标就是西边的荆州，而要打荆州则必须拿下江夏郡。所以，在经过孙策的毒打后，黄祖不得不继续迎接着孙权的毒打。

建安八年（公元203年），孙权发动了生平第一次进攻黄祖的战争，这次的战争和二一次的战争一样，几乎又是一边倒的压倒性胜利。但是黄祖似乎早就有了防备，一见守城不足，便脚底抹油，溜之大吉。对于孙权来说，黄祖的人头比江夏郡更具有吸引力，毕竟黄祖算是间接害死自己父亲的凶手，于是孙权组织人马前去追击，破贼校尉凌操一马当先，率兵从夏口沿水路追击。结果，悲剧再次发生，原来黄祖已经习惯了安排伏兵，所以在凌操追击的路上再次布置了弓箭手，结果一通箭雨射死了不少吴军。而有一人，身上佩戴了不少铃铛，更是张弓搭箭一箭射死了凌操本人，吴军由此军心溃散，放弃了追击。

其实，按理说虽然折了一员大将，但只要在江夏郡扎下根来不怕弄不死黄祖，可惜不久孙权就班师回朝了。而这，又是因为什么呢?

八、山越难缠

能让孙权放弃蓄谋已久的军事征服，只能是遇到一个更为棘手的事情，而这个事情，便是山越。

啥是山越，这个问题呢，说来还是有点复杂，这里我简单介绍一下。要了解山越就得先知道另一个词——百越。"百越"之称谓源于古代中原人对南方沿海一带古越部族的泛称，因这些古越部族众多纷杂且中原人对其不甚了解，故谓之为"百越"；越地上的族群又称古越族、古越人，或越族、越人。百越有很多分支，包括吴越、扬越、东瓯、闽越、南越、西瓯、骆越等。《吕氏春秋》统称这些越族诸部为"百越"，其他文献上也有"百粤""诸越"等称谓。"越"或写作"粤"，因古代"越"与"粤"相通，到近代才较为区别。汉朝之后其地改为郡县，此后"百越"这名称不见于史载，"越族"之名也十分罕见。

"百越"消失，取而代之的便是"山越"，"百越"的消失一方面是来自于秦始皇的征讨，另一方面则是内部由于归化不同，开始衍生为不同民族。比如南越大地的就演化为后来的僚人、俚人，南朝陈时期的冼夫人及侯安都便是代表；而分布在今天江苏、浙江、安徽、江西、湖南、湖北这些地方山林一带的"百越"便演化成了山越；部分沿山下溪涧而生的，则又被冠以"五溪蛮"一类的称呼。

总而言之，山越即是当时在南方，被汉人分割在山间水边的越人。这些人相互之间也经常会摩擦，一旦摩擦升级便会引发大规模战争。孙权的部下很多都有自己的部曲，也就是说，他们各自都掌握或多或少的私兵。长年累月的征战必然会让私兵数量有所减少。损失的兵员如何补充，很多将领把目光投向了山越，征服山越，并将俘虏纳入自己的军中，这样一来既可以补充兵员，又能立下赫赫战功。

所以吴军中很多将领的功劳簿上都有征讨山越这一笔，原本山越和汉族就不对付，而孙权麾下将领又把这些人当作补充兵员的便利条件，久而久之，后来的孙吴政权即和山越开始了长达半个世纪的相爱相杀。当然，终孙吴政权一生，也没能将这个山越问题彻底肃清，紧接着南方又迎来了东晋王朝，东晋王朝同样不靠谱。最终，在继东晋王朝之后的刘宋王朝才勉强算是真正解决了山越问题。

回过头来，孙权这边急着班师回朝就是因为山越又闹腾了。经过孙权前前后后三年多的扫荡战，终于算是把山越暂时性地压制下去了。而在这过程中，那位后来名噪一时的吴下阿蒙就因征讨山越有功被封为了广德长。

这边山越肃清，那边猛将来投，孙权一时间可谓是政治军事两开花。这位来投的猛将就是在之前江夏会战时一箭射杀凌操的甘宁甘兴霸。甘宁这个人史载"少有气力，好游侠"，搁现在那就是问题少年。他年轻时常聚合一伙浪荡少年，成群结队，携弓带箭，头插鸟羽，身佩铃铛，四处游来荡去。甘宁自然是这批问题少年的头头了，以至于当地百姓称呼他们为"锦帆贼"，一听到铃铛响，那便是甘宁这帮人到了。

当时甘宁是在巴郡一带搞事，渐渐他们发现这么混实在是太没存在感了，于是又干起杀人越货的勾当，将抢来的钱随意显摆，成为地方官吏和百姓集体痛恨的目标。久而久之，甘宁又发现，杀人越货做久了也没意思，所以他干脆参与了一次造反行动。造反这事情比起他们之前那些行当真是没得说，所以甘宁一失败只能是灰头土脸地带着手下逃出蜀地。

离开蜀地的甘宁觉得放眼南方，唯有荆州刘表和扬州孙家能成事，而孙策数千子弟横扫江东的事情他也听过，勉强能接受自己和底下人的脾气。但我们也该知道，从益州去扬州，中间必然得经过荆州，这样甘宁不可避免地还是与荆州地区的人接触了，而江夏郡的黄祖恰恰就是喜欢甘宁这类舞刀弄棒的，所以就顺势将其收编了。

但黄祖似乎忽略了一个问题，半路收编的部下和主公的关系是一个双向的契约雇佣关系，所以如果他的付出没有得到主公的及时回报，那必然无法维持雇佣关系。

九、再战黄祖

很显然甘宁和黄祖也遇到了这个雇佣关系的考验了，甘宁为黄祖射杀了凌操，但是事后黄祖并没有过多奖赏他，这就会让甘宁产生情绪了。此时有个叫苏飞的人似乎洞察了甘宁的情绪，于是与甘宁置酒欢宴。酒酣之际，他说道："我也曾和黄大人夸奖过您的英勇，可是总不被接受。人生苦短，像您这样有本事的人应该择一根高枝。"

甘宁一听立刻说道："谁说不是呢，我也想走，只是苦于没机会啊。"苏飞立马拍胸脯说："想走还不容易？这样，我虽然没法让黄大人提拔您，但是我可以让黄大人外放你去做邾城县长，到时候你想走想留随你啊。"

就这样，甘宁利用外放的机会顺利开溜，带着旧部东去投了孙权。有人据此就会非议甘宁，称其毫无忠诚度。但其实正如我前面所说，他与黄祖并无所谓的情分在，也没有共同的奋斗目标，而仅存的这点雇佣关系又因赏赐不均被冲得支离破碎。

对比刘备和关羽，我们就能发现，为何曹操用高官厚禄挽留，关羽依然选择千里走单骑追随刘备，因为两者有情分——创业初期的合作伙伴，同时又有相同的目标——匡扶汉室。所以哪怕被人追杀，分隔两地也磨灭不了两人之间的关系。

离开了黄祖的甘宁及时投靠了孙权，并且投靠孙权第一时间就献计孙权攻灭黄祖："现在汉家气数衰败，曹操独断专横，将来篡权是势在必行。荆州所处地域的战略地位十分突出，四通八达，既是我们东吴防止西方益州势力东侵的屏障，也是我们借机北伐中原的跳板。我在刘表手下时发现刘表此人早已昏聩不堪，在继承人上又犯了废长立幼的过错，所以日后势必要失去这块地盘。

"所以将军啊，您当下应该火速派兵继续西征，抢在曹操前面夺下荆州，否则北方战事一结束，曹操必然南下。而进攻荆州还是得从江夏郡进军，如今黄祖老迈昏聩，底下军粮匮乏却不自知，将军们欺下瞒上，而黄祖却贪得无厌，克扣军饷。将军您只要下定决心，频繁攻伐江夏，黄祖必然不能久持，一旦夺下江夏，即可直指襄阳，到时候拿下荆襄九郡，巴蜀之地亦可收揽其中。"

看完甘宁劝说孙权的这段话，我们是否会心生疑惑，甘宁这样一个武力值爆表的古惑仔，怎么就突然变成智商超标的军师型人才呢？然而，当我们把这件事情的前因后果再审视一下，我们便会发现，甘宁其实是被周瑜推荐给孙权的。

为了确保甘宁能被孙权一眼相中，周瑜会否提前给甘宁上上课呢？这点我们已经不得而知，但是我只能说可能性极大。此时的孙权面临了一个比较尴尬的局面，算上父亲孙坚，孙家集团已经是连续三次攻打黄祖了，但江夏郡却迟迟无法拿下。虽然获得了一定战果，但也损兵折将（凌操之死甚至是早前孙坚之死），这一得一失似乎让孙权有了一丝困惑：西边的荆州是否真如大家所说可以征服？而频繁的山越暴乱也分担着孙权太多的精力。所以，此时无论是周瑜还是鲁肃，早前提出的西进计划在孙权操盘下都暴露出一些实际性困难。那么，甘宁的这番话显得尤为重要。至少甘宁作为一个黄祖军中的投诚人员，他对于黄祖军的实力摸查足够清晰，西征黄祖，就在今朝！

建安十二年（公元 207 年），孙权军队再次西征黄祖，这次依旧和上次一样，黄祖败而不撤，江夏郡依旧还在刘表的掌控之中。而孙权本欲荡平江夏的愿望又因为生母吴国太的病重只能再次打道回府。在过去短短的三年间，孙权的亲人多方出事，先是三弟孙翊被人刺杀，紧接着宗室里能力出众的孙河也被叛贼杀害。如今母亲病重怎能不使这位孝子牵挂呢？

当然，遵循孝道这并不违背孙权攻灭黄祖的计划，待母亲身体恢复正常，孙权又再次踏上了征程。建安十三年（公元 208 年），仅隔了一年不到的时间，孙权再次征讨黄祖的江夏郡。这一次战争经过记载得略微详细，黄祖先是希望通过主动出击来抵挡一波孙权的攻势。于是陈就率领江夏舰队向东阻击孙权大军了。

十、夺下江夏

这一次，孙权军中有一名将领，对黄祖可谓是刻骨之恨。他就是之前江夏战役中被射死的凌操的儿子凌统。按理说甘宁是放冷箭的，所以凌统报仇应该找甘宁，可是碍于主公孙权的庇护，凌统只得把这一股子怨气全部撒在黄祖身上了。

当时凌统负责打前哨，他带了几艘小船和数十名敢死队员前往黄祖这边的舰队处侦察情况，哪知道突然也遇到了黄祖舰队中张硕带领的侦察部队。结果双方一碰面，凌统宛如太史慈附体，硬是把侦察任务当成了突击任务，他不顾自己这边才几十号人，直接翻上张硕的坐舰，奇袭张军。

由于大晚上黑灯瞎火的，突然蹿上来一些人，船上也不知道来的人数多少，怎么来的，迷糊中必然只得通报老大张硕。那张硕得到底下人通报势必要出来看个究竟，结果这一看就被凌统他们盯上了，手起刀落击毙了张硕，同时也俘获了张硕的侦察舰队。

黄祖这边反应还算迅速，没等孙权主力跟进就得知张硕被杀的消息了，他即刻命陈就率两艘艨艟舰守沔口，还让大力士和弓箭手在河边的崖顶埋伏，准备再来一波伏杀。这个时候，周瑜开始发力了，之前几次江夏战争对于周瑜的描述都非常简短，但是这次却给了一个很细致的特写。

周瑜先是用巨舰开路，想一举冲破陈就的战舰横江，但是误入黄祖的包围圈，一时间山上火镞飞石急冲而下，给周瑜的前军造成了不小打击。战争在持续了半天后，周瑜突然意识到了这么个情况：甘宁这小子情报有误啊，这黄祖用大规模杀伤性武器阻碍我军好几个时辰了，哪像军械匮乏的情况？

但是，紧接着周瑜又坚定了信心：江夏这次必须打下！因为前后至今已经五伐江夏了，朝中以张昭为首的守旧派本就不主张西征荆州，此次如果再没法打下江夏，孙权很可能就真的耳根子一软，听了张昭他们的意见了。

于是，周瑜调整了战略方针，既然大规模进兵不行，那就只能用小规模突袭，于是为了扭转战局，周瑜命凌统、董袭率一百名敢死队员，每人穿上两件盔甲，乘大船冒着落石和火镞冲锋。

这个董袭算是两朝元老了，早年间孙策下江东时，董袭就曾归附于孙策，并为他立下赫赫战功。尤其是在孙策辞世那年，周瑜和太史慈都不在吴郡，吴国太对于江东基业究竟能不能让孙权守住，深表疑虑，她咨询了两个人。一个就是身受托孤之重的张昭，而另一个便是董袭了。当时董袭慷慨陈词："我江东占据长江之险，足以可以抗扫强敌，而讨逆将军（孙策）为贤明的州牧，对百姓有过恩德。讨虏将军（孙权）承袭他的基业，上下齐心听令效力，张昭秉政掌管大事，我董袭等人作为爪牙，这正是据有地利、人和的时候，绝无什么可忧虑的！"

一席话基本安了吴国太的心，所以孙权对于这个耿直老男孩还是非常佩服的。而且，董袭还是武力值颇高的猛将，多次征讨山越全靠他奋勇杀敌。这一次担任敢死队的前锋队长，也算是人尽其用了。

凌统和董袭相互配合，拼死切断了陈就两艘艨艟间的联系，这么一来，孙权军气势如虹，大军一下子压了过来。作为水军总指挥的陈就只得冲去督战，如此一来就遇到了和张硕同样的遭遇，吴下阿蒙吕子明一舟当先，直接格杀了陈就。失去了统领的黄祖水军乱作一团，舟舰相撞，一时间陷入瘫痪状态。

而此时凌统也不闲着，一方面急于报父仇，另一方面也提防黄祖再次开溜，在完成交代给自己的突击任务后，他便越过黄祖的水军，直接朝着黄祖老巢杀来。这一次，黄祖好运气似乎用光了，虽然让他又一次逃出江夏城，但是，孙权军却在后续追击时追上了他，一名叫冯则的小将砍下了黄祖的脑袋。而后，孙权下令将黄祖首级盛放在容器中验看。得到黄祖首级后，孙权将其献祭亡父孙坚。至此，江东孙氏三代人，五次攻伐江夏，终于斩杀了黄祖，在荆州东部打开了一个缺口。

十一、荆州变局

其实说起装人头，孙权原本是做了两个匣子，一个装黄祖的人头，另一个则是装苏飞的人头。按理说苏飞也不是黄祖底下的二把手啊，何以被孙权惦记上了。其实说到底估计还是甘宁射杀凌操那档子事引发的。

甘宁那时候的上司是苏飞，那既然不能办甘宁，只能去办苏飞啰。所以苏飞听说自己的下场已经被孙权安排得明明白白，立刻托人向甘宁求情。甘宁听完之后淡定地说："就算苏飞不来和我说这事，我甘宁难道就能忘记他的恩情吗？"于是乎，趁着孙权置酒高会，甘宁就突然扑倒在孙权面前猛磕头，一边磕头，一边泪流满面说道："我甘宁如果没有遇到苏飞，这辈子早就死掉尸体填沟壑了，自然也没有向主公您效力的机会。现在我听说你要杀掉苏飞，我在此恳请您免除他一死。"

孙权听完，寻思后说了这么一句："我可以放过他，可是他若逃跑，怎么办呢？"甘宁立刻拍胸脯保证："苏飞免受斩杀，受您再生之恩，即使赶他走，他也不会离开，哪有逃跑之理！如果他跑了，就把我的首级代替他的装入匣中！"孙权听完立刻点了点头，当下赦免了苏飞。

苏飞被赦免后，史书就没有提到他后续的事情了，而既然苏飞这样的人对于孙权可有可无，孙权又何必大费周章担心他逃跑呢？这不是说不通了吗？所以，回过头来分析，也许孙权对于苏飞的定义就是工具人，苏飞死，就当是给凌统解气；苏飞活，则卖了个人情给甘宁，让他更加效忠于自己。既然对于工具人，史书都不愿给予交代，那我们就更不必在意其后续的事了。

夺取江夏，这既让孙权的西进计划达成了第一步，也阻碍了集团内部反对派抵制西攻荆州的呼声。以张昭为例，张昭认为鲁肃不够谦虚，多次非议、诋毁他，说他年少粗疏，不可重用。表面上看，这是张昭对于鲁肃个人的诋毁，但深层次则是对鲁肃提出的三分天下规划的阻碍。而当甘宁投诚后怂恿孙权西征时，张昭更是直接开口驳斥："如今江东自身危急，一旦大军在外，国内必然会动乱的。"

当然，甘宁和鲁肃不同，甘宁被张昭驳斥了，直接回怼过去了："张长史，国家可是委以萧何一般的重任给您的，结果您如此畏首畏尾，拿什么去和萧何相比？"甘宁这么一怼，孙权只好打圆场："兴霸（甘宁），既然你提出西征建议，那作战之事我委托于你，你尽管放手去干，打败黄祖比啥都强，何必与张长史作口舌之争？"

如今西征大胜，以张昭为首的保守派一定程度上失去了部分话语权，这固然有利于以周瑜为首的"西征派"迅速拧成一股绳，同时也为之后不久的赤壁之战，主战派能压倒主和派，并最终让孙权拍板打下了基础。试想一下，倘若这一年孙权没能拿下江夏郡，那么之后爆发的赤壁之战，孙权持何种态度，都将费思量了。

　　回过头来，在孙权多次攻打江夏期间，整个荆州，乃至整个中华大地的局势都有了翻天覆地的变化。为了梳理好后续的赤壁之战，我们有必要将时间轴拨回到公元203年的荆州，看一下这四年间整个荆州到底发生了怎样一些大事。

　　公元203年，也就是孙权第一次发动江夏战役回师后不久，刘表又一次开疆了。没错，此时的刘表离生命尽头已经很近了，但是他似乎并没有如《三国演义》中描述的那般昏聩，还在试探着在这乱世中攫取自己的一杯羹。

　　当时的中国南方有四大州，即扬州、荆州、益州、交州，前面扬州六郡和荆襄九郡我们已经提过了，益州和本书关联不大，也暂时按下不表，那就说说最南面的交州吧。交州大致等于我们今天的两广地区、越南北部、海南岛、湖南南部这片区域。

　　当时的交州是距离汉朝中央最远的地方，经济发展相对滞后，所以一定程度上也避免了群雄的争夺。曹操挟天子以令诸侯后，为了给刘表在荆州的大后方安插一个麻烦，便选择了安排故友张津前往担任交趾刺史部长官，即交趾刺史。说到这，大家似乎有些疑惑了：不是说交州吗？交趾刺史又是什么情况？

十二、交州风云

交州虽然实质上是汉朝的一个州，但名义上一直没有给扶正，朝廷将其称呼为交趾刺史部。而张津的到来似乎是给交州带来了一个新的面貌，当时的交趾太守士燮眼见天下大乱，豪杰蜂拥而起，于是他也怂恿新来的张津向上面反映一下：天下虽然称为十三州，但其他十二州老大都是州牧，唯独我交州地区老大才是刺史，而且交州这称谓也就咱私下喊喊，这个太不公平了。

张津寻思了一下，发现是这个道理啊，于是就给朝廷上书了，结果交州被朝廷正式正名，而张津也成了第一任交州牧。那么，当时的交州有多大呢？对比别的州动辄八九个郡，交州地区的郡县相对较少，虽然有七个郡，但是其中三个是在今天的越南境内，中国境内的四个郡分别是南海郡、苍梧郡、合浦郡和郁林郡。其中南海郡的番禺是整个交州的治所所在。

而人口分布呢？出乎我们今天很多人所料，当时的交州地区人口密集区不是在中国境内的四个郡，除南海郡外，交州地区的人口密集区都集中在了今天越南境内的三个郡。作为刚刚升任交州州牧的张津，他目前有两个紧急任务，一是需要给自己这个外来的州牧树立威信，二则是为了向朝廷（确切来说是向曹操）示好，所以张津很快把目光瞄准了北方的荆州。

为了牵制住刘表，同时也为了抢夺人口，张津强行宣称对荆州的零陵郡和桂阳郡享有主权，而后派兵武装介入。虽然张津提到的两个郡是荆州最边鄙的两个郡了，但是荆州和交州的综合实力还是有较大差别，所以张津出兵反倒是败多胜少。

失败后的张津没有从实际情况出发，反倒归结于是自己这边的士兵缺少信仰造成的。于是乎，一场戏剧化的军队改革在张津掌管的交州发生了。由于张津信仰道教，所以他干脆直接废掉汉朝在交州地区的法令，改用宗教信仰统治，而后又让士兵裹红头巾布，每晚焚香祷告。

这么一来有用吗？那是一点用都没，借用电视剧《新三国》里黄忠的台词：“一百个来，一百个死。”交州部队打扮怪异地再次和荆州部队交战，只能是继续送了性命。

张津的倒行逆施引发了当地人极大的反感，不久军队哗变，区景杀掉了张津，一时间，交州地区再度陷入无主状态。张津的去世让垂垂老矣的刘表再次雄心焕发，他抢先在朝廷任命前，委派自己的手下，零陵郡本土人士赖恭就任交州刺史，暗示要把交州纳入他的势力范围之下。

当然，曹操也不是傻子，自然要想尽一切手段遏制刘表的扩张，但苦于此时自己在北方与袁绍战事焦灼，于是只能想办法就地取材，利用交州人对抗刘表外派的荆州人。这样一盘算，当初提议张津给交州正名的士燮映入了曹操的眼帘。士燮作为交州七郡中交趾郡的太守，资历深又符合本土人的特点，关键还是军事型人才，用来抗衡赖恭最合适不过了。

但是，毕竟刘表抢先任命赖恭了，所以朝廷也没法再安排个交州刺史，于是折中任命士燮担任绥南中郎将，授予他都督交州七郡诸军事的职权。不过，士燮的运气还是比较好的，很快刘表下了一着昏棋。

也许是觉得自己的生命开始走向终结，也许是急于求成，刘表太想尽快消化掉这个交州地区了。于是在派遣赖恭为交州刺史后不久，又派遣吴巨（有版本作吴臣）担任苍梧太守，想要从郡一级不断蚕食交州地区。因为在秦汉时期，州只是一个区域化概念，刺史只是一个名义上的区划领导，和后来的行省制下的省长有很大不同。举个例子，我们今天一些大公司会将中国划分为几个区域，然后再任命一些区域经理，这些区域经理虽然权力很大，但其实一些具体性事件，他们也无法拿捏把控。

所以同理来看，州的一把手刺史其实未必有郡的一把手太守对地方的把控力度大。刘表固然要让赖恭担任刺史，同时也不能放松警惕，他要尽快让自己的人渗透到交州地区，一口口消化掉交州。

但是刘表只考虑到自己，没有考虑到下属，赖恭和吴巨俩人脾气不对付。史书记载："巨武夫轻悍。"说白了，吴巨就是莽夫一类的悍将，而赖恭明显是属于文士之流，俩人不对付本就是常理。

十三、刘表之死

于是，吴巨在担任苍梧太守后没多久，就把名义上的上司赖恭给驱逐了。这么一来，非常戏剧化的一幕出现了，整个交州地区在近两年的时间内出现了无刺史状态，依靠着朝廷任命状而地位激增的士燮成了交州地区实际上的一把手。

我们之前说了，交州地区分为七郡，士燮自己领交趾太守，二弟士𪾢领九真太守，另外两个弟弟士壹、士武则分别任合浦、南海太守，士家等于掌控了交州地区人口最稠密、经济最富庶的四个郡。

如果没有吴巨驱逐赖恭，那么好歹交州名义上还是刘表的地盘，如今赖恭走了，拥有朝廷任命的军事都督大权的士燮成了交州地区的新主人。刘表所能掌控的也唯有苍梧郡一郡之地了，按理说新附地出了这么一档子事，刘表应该即刻做出反应，或是任命吴巨顶替赖恭，或是大军压境，武力再重新安插个交州刺史过来。但刘表没这么做，原因无他，他去九泉之下见老对手孙坚了。

公元 208 年，中国各方势力都因为一种不知名的力量，不约而同地走向了一起。北方曹操在讨伐袁绍残余势力后休整完毕，做好了南征的计划。孙权在这一年终于打下了江夏，为自己的雄图霸业开启了一扇门。交州地区赖恭被吴巨驱逐，士燮开始了主宰交州的无冕统治期。而与南方及北方都有接壤的荆州，却因为刘表之死，走向了一段未知前路的历程。

刘表生前已经将整个荆州地区打造成属于自己的独立王国，外面战火连天，可唯独荆州地区是一方王道乐土。既然是独立王国，那么对于继承人自然也是由着刘表自己裁决了，晚年刘表废长立幼，让幼子刘琮接了荆州之主的重任，而长子刘琦则被外放至江夏。当然，有部分历史则提到刘表晚年还有意将荆州让与刘备，这点则在《三国演义》中被收录，并花了大量笔墨刻画了这一段情节。

由于演义只是演义，那么回归历史，接下来我们就从刘表去世起来看一看，刘备、曹操、孙权这三位雄才如何在刘表死后互相操作，最后将历史推向了赤壁之战的吧。

首先说刘表的两个儿子，刘琦和刘琮。刘琦原本是外逃去接管江夏的，哪知道前后脚的工夫孙权就把江夏的黄祖给灭了，所以刘琦只能驻军夏口。刘表病故的消息传来，刘琦便准备以奔丧的名义前来荆州与刘琮争位。

不过刘琦兵马还没点齐，就听说曹操提百万大军南下了，这下子让刘琦傻眼了，打刘琮他觉得还能五五开，打曹操那多半是找死了。所以，刘琦又按兵不动，观望起来。作为曹操南下的第一条防线，刘备的日子可就别提有多酸爽了，带着他的班底可劲地在新野、樊城一带流窜，且战且走。

此时诸葛亮虽然已经投靠了刘备，但是毕竟没有演义里那种火烧博望、火烧新野的绝佳战绩，所以也只能跟着刘备一路逃亡。

这个时候刚刚接班的刘琮，实际年龄比当年孙权接管江东还要小，而外部环境则比孙权还要糟。且不说孙权此刻打下江夏，长兄刘琦在夏口虎视眈眈，南方交州脱离管控，就单说曹操南下之事，就足以让他焦头烂额了。

此时的曹操已经不是和袁绍相持时的曹操了，他现在的军事实力已经超过了当时中国剩余军阀实力的总和，而刘琮拥有的荆州，已经是一个残破的荆州，荆州北方的两个郡已经被曹操蚕食，东面孙权拿下江夏，随时可以西征攻过来，南方的士燮还准备着把吴巨彻底踢出交州。

所以，刘琮底下的三个人蒯越、韩嵩及傅巽集体给刘琮出了个主意：赶紧投降！蒯越是荆州本土豪族，这类本地人对于谁当老大其实意见不大，只要不针对自己家族就行，所以曹操势大，那必然投靠曹操为上策啊。

韩嵩则是对刘表有一肚子意见，早期他为了躲避黄巾之乱跑来了南方，结果刘表硬逼着他当官，这让他很不爽。

十四、荆州易主

韩嵩后来寻思着做官也就做官吧，哪承想没多久刘表又将他外派北方，去看看曹操如何。结果韩嵩去了北方后，深深地被曹操的气度或者说是气魄给折服了，回来之后一个劲儿地吹曹操如何了得，还建议刘表赶快送质子给曹操。

刘表一听气不打一处来，合着让你去北方一趟，你还被曹操公关了？当即将韩嵩投入大狱，要处死他。后来好在韩嵩平时人缘好，很多人给他求情，这才留了他一命。现在遇到刘表病故，曹操南下，这种机会韩嵩怎么能落于人后呢？

傅巽早年间事迹不详，具体表现还都在投靠曹操之后，不过这次劝说刘琮他倒是成了急先锋。刘琮面对这仨人的轮番心理攻势，还是有想法和曹操碰一碰的，与他们辩解说："我今日继承了父亲的基业，与你们诸位据守荆州，难道还不能和曹操分庭抗礼？"

傅巽直接怼他了："你这不扯淡吗？当然不行了，强弱之势本就是客观存在的，咱们是臣子，汉朝还没亡呢！曹操现在代表的是朝廷，我们对抗他就是反叛朝廷；以我们荆州一州之地对抗北方，也是不明智的。假如我们利用刘备对抗曹操，那么又是没法做到的。既然三种情况都做不到，你这必然是自取灭亡！"

古人说话讲究言简意赅，傅巽说利用刘备对抗曹操，大致的意思可能等于要让刘备来主持大局，用全荆州的力量对抗曹操，而不是说让刘备仅仅依靠自己那点兵力对全曹操。既然说到刘备了，傅巽又紧接着补了一句："刘琮啊，你觉得你和刘备比如何？"

刘琮一听傅巽这么说，就说："当然不行啊。"傅巽就等他这句话，赶紧说："如果刘备挡不住曹操，你觉得你能挡住？如果刘备能挡住曹操，你觉得刘备还能甘心听你话？所以你不用想了，赶紧投靠吧！"

傅巽这话存在逻辑性问题，首先，刘琮被刘备取代和被曹操取代有何差别？既然都是要被取代，傅巽干吗摆出一副投降曹操就能受到优待的样子呢？但是刘琮似乎也扛不住被这三人轮番洗脑，心理防线开始有些崩溃了。于是，刘琮转而去向武将派寻求主张，比如他舅舅蔡瑁。

　　结果蔡瑁的答复让刘琮的心彻底凉了，蔡瑁也赞同投降。文臣赞同投降大不了不顾及他们想法，拉着武将打一波即可，可问题是现在枪杆子都不帮自己对准敌人了，而且枪杆子还是自己舅舅，那只能彻底歇菜了。于是在曹操进军到襄阳时，刘琮立刻率荆州整个班底投靠了曹操，而此时进退失据的刘备只能出奔夏口投靠刘琦。和《三国演义》差不多，刘备在出逃的时候当真是扶老携幼，有不少平民追随。

　　不费吹灰之力就拿下了荆州，曹操自然要对有功之人进行嘉奖，蒯越、韩嵩、傅巽这三位仁兄因规劝刘琮有功都得到了相应的封赏，蔡瑁同样被曹操厚赏。而作为荆州之主的刘琮则是被封青州刺史，晋爵列侯。

　　《三国演义》中无论是刘琮还是蔡瑁，其下场都是非常惨的，但是历史上对于这俩人归附后的结局没有交代，大体还是比较不错吧。

　　虽然曹操名义上接管了刘琮治下的荆州，但并没有对下面各郡实施有效控制，这为以后的荆州乱局埋下了一些伏笔。目前来看，刘表的残余势力（刘琦和刘备联军）被压缩在东部一带，与之毗邻的就是孙权刚拿下的江夏郡了。

　　接下来摆在曹操面前的是两条路，一是好好巩固新拿下的荆州，顺带像刘表那样，将自己的人马慢慢渗透到地方。二是迅速出击，扫荡刘表残余势力，这残余势力是谁，不用说都知道，刘备和刘琦呗。

从曹操个人的性格来说，他当然选择了第二条，正史和演义在这边其实大致吻合，只是在细节上有所不同。比如赵云确实在乱军之中救下了刘备的儿子阿斗，但是不是七进七出就不得而知了，张飞也确实在当阳桥前一声大吼，但没有吓死夏侯杰，曹操是否被他所震慑，这又无从定论了。总之，在抛去《三国演义》中的精彩戏份后，曹操追击刘备的计划破产。

十五、孙刘结盟

既然没有截杀刘备，那么曹操似乎要重新考虑一下如何解决掉刘表残余势力这一问题了。而孙权似乎并不愿意让曹操和刘备上演那一幕"汤姆和杰瑞"的肥皂剧，于是果断出手给自己加戏。在这样的情况下，鲁肃出现了。

鲁肃其实并不是奔着刘备来的，而是来给刘表报丧。当然，报丧是假，探听虚实方才是真，但鲁肃一路向西的过程中发现事态突然间让他有些惊愕了。毕竟在古代，信息传递不可能像今天这般普及，今天哪个地方上午出的新闻，到了中午全国各地都知道了。可是在古代，也许上个月发生的事情，你都未必能知道。

号外号外，刘表死了，大儿子刘琦准备杀回去夺位呢！号外号外，曹操南下了，刘备在战略转移！号外号外，刘琮投降了，曹操占据荆州，刘备在向我方靠近。号外号外，刘备已经离我们很近了，但是他身后跟着一个曹操以及近百万大军！

这一连串消息让鲁肃有些蒙了，原本孙权派他是来看看荆州在刘表死后有没有可以浑水摸鱼的利好机会，哪知道曹操动作更快，已经拿下整个荆州。刘表的残余势力就在附近，曹操甚至有可能追着残余势力一路往东，这样一来，摆在东吴面前的已经不是开疆问题，而是生存问题了！

鲁肃当机立断之下赶紧与刘备会晤，孙刘两家至此终于坐到了一起。鲁肃一见面就问了刘备一个哲学性问题："从哪来？往哪去？"刘备淡定地说："从荆州来，往交州去。"为何？原来之前我们提到的那个苍梧太守吴巨和刘备居然还是故交，所以刘备干脆和鲁肃说自己跑去苍梧，这么一来曹操总不会追着自己打了吧？

鲁肃心里一合计：不对啊，且不说你跑去苍梧后曹操会不会追过去，单单你跑去苍梧就能造成一个直接性的恶劣后果——孙权版图和曹操版图接壤了。如此一来，万一曹操突然转向，那我家主公岂不是被你引来的饿狼吃了？

鲁肃赶忙否定刘备这一计划，他直截了当地说："刘皇叔啊，这个吴巨不过是个莽夫，自顾尚且不暇，哪能保住你啊，要不您见见咱们孙将军？"在经过短暂的分析之后，鲁肃脑袋中有了一个比较清晰的计划，即若要保证自家主公不被曹操吞并，那么必然要拉住刘备给自己和曹操之间构筑一个缓冲区，如果可以的话，最好将曹操踢回北方。

于是刘备和刘琦在夏口会合后，召集诸将商议——要不要和孙权结盟，怎样和孙权结盟？这时候，刘备新招募的谋士诸葛亮站出来了，他慷慨激昂地向刘备陈述愿意充当这次的结盟使者，力促孙刘联盟成功缔结。

历史上的诸葛亮在此之前，没有演义里两次火烧杀退曹操十万大军，所以他急于向刘备证明自己提出的《隆中对》规划，而要实施规划首先刘备得活下去啊，所以诸葛亮只能硬着头皮来孙权这争取支持了。

既然不是演义，所以诸葛亮来孙权这边也就没了那所谓的"舌战群儒"这一精彩章节。诸葛亮可打的牌很少，因为刘备的资本很少，所以这个结盟起初就是不对等的。但是不对等的结盟也得结，毕竟孙刘绑一块儿也许能将曹操踢回北方，但如果只靠刘备，那必然是死路一条。当时孙权的大本营既不在姑苏（今苏州），也不在建邺（今南京），而是搬到了柴桑（九江），所以诸葛亮顺江东下很快就见到了孙权。

真实的历史中，诸葛亮没有恫吓孙权，没有舌战群儒，也没有智激周瑜，有的只是摆事实，讲道理。首先，诸葛亮告诉孙权自己这边并不是苟延残喘的流寇，刘备与刘琦合兵后，军队相对可观：将军起兵据有江东，刘豫州亦收众汉南，与曹操并争天下；豫州军虽败于长坂，今战士还者及关羽水军精甲万人，刘琦合江夏战士亦不下万人。

军队多少意味着刘备将有多大资本去和孙权和谈，两万部众是刘备的家底，也是孙权必须正视的盟友实力。

十六、奇怪的信

诸葛亮随后又给孙权描绘一下他的对手——曹操，诸葛亮说："曹操之众，远来疲弊，闻追豫州，轻骑一日一夜行三百余里，此所谓'强弩之末，势不能穿鲁缟'者也。故兵法忌之，曰'必蹶上将军'。"

在这里，诸葛亮用了两处军事术语"强弩之末"以及"必蹶上将军"，这就是诸葛亮说话的艺术了。现代优秀的销售人员总喜欢七绕八绕地给你扯一些"高大上"的东西，比如等离子新风系统啊，高频光波啊，让你听得一愣一愣的，所以稀里糊涂就被忽悠了。诸葛亮也一样，孙权虽然是领导人，但你要让他从军事的角度上看问题或者分析问题，肯定要比曹操、刘备这种久经战阵的人差得多。

诸葛亮这么一说，无非就是想告诉孙权，曹操不足为惧，我们刘皇叔已经消耗掉他很大的军队斗志了，现在你孙权加入就是来捡人头的。而后诸葛亮又抛出了第三点：且北方之人，不习水战；又荆州之民附操者，逼兵势耳，非心服也。

捡人头自然得有捡人头的方式啊，所以诸葛亮就告诉孙权，你强大的水师就是你捡人头的首选条件。曹操水上力量不强，所能依靠的不过是荆州投降的水上力量，而那些荆州军不过是二鬼子，不会给曹操效死力的。

诸葛亮这么一忽悠，也许我们一般人就上了他的套了，可孙权毕竟不是一般人。孙权果断跳出这个圈子，心想：我为何要打曹操，曹操都还没说要打我，我去惹火烧身干吗？！

所以，巧妇难为无米之炊，即使是诸葛亮，面对当下这样尴尬的情况，也只能是尽人事听天命了。就像一战时期的威尔逊总统，总是想鼓动美国民众支持自己加入一战协约国，可国人不想打又有啥办法呢？关键时刻还得是一封齐默尔电报才影响了一战走向。

这个时候还真有种一战穿越的情况了，恰好也是一封信让孙权的态度有了明显转变。曹操给孙权来信了，这封信言辞很短，但信息量却很大：近者奉辞伐罪，旄麾南指，刘琮束手，今治水军八十万众，方与将军会猎于吴。大致啥意思呢？就是曹操说我此次南征那是尊奉天子的号令南下讨伐罪人的。谁是罪人，那荆州刘琮是一个，所以我一南下他就投降了。现在我手里头有八十万大军，想和将军你在吴地会猎。

古人说话讲究一种艺术，就是把明明可以说明白的事情故意整得云里雾里，然后让你自己去悟。比如要以颈血溅大王，那就不单单是要溅你一身血，而是说要和你同归于尽。那么这边当然也不会是和孙权一样随意打猎咯，毕竟有谁见过带了八十万军队来打猎的？

这封信当真可以说给这赤壁之战正式安排上了，没有这封信，孙权也许会观望，但有了这封信，孙权必须要表态了。回过头来看，曹操为何要写这封信？现代人研究下来也是众说纷纭，有说曹操写这封信是希望孙权能像东北公孙康一样，把刘备的人头像送二袁人头一样来送给自己；有说曹操写这封信是想震慑孙权，让他果断明白自己的处境，最好学刘琮一样来个不战而降；还有则说这就是一封赤裸裸的战书，因为曹操刚刚收编了荆州军这么多人，正愁没地方用武呢！

同样令后人迷惑的是，这封信《三国志》中是没有的，在《三国志》裴松之注引《江表传》中出现了，所以这封信的真实性又再度蒙上了一层面纱。迷惑的信加之迷惑的信中措辞，这注定需要我们见仁见智咯。不过这样迷惑的一件事却促使了孙权开始走向不迷惑的未来。

战还是降，大家都需要有个态度。所以整个孙权集团火速进行了讨论，该站队的站队，该提意见的提意见。史书记载说："权得书以示群臣，莫不向震失色；是时曹公新得表众，形势甚盛，诸议者皆望风畏惧，多劝权迎之。"

一个非常怪异但又容易理解的事情出现了，孙权这边绝大多数大臣都投了投降票。我们需要怪异的是，孙权刚刚拿下江夏，风头正盛，何故不被底下人看好？不过容易理解的是，因为在半年前，荆州的那帮班底恰恰也是这么干的！

十七、是战是和

那我们肯定得有疑惑，为何荆州、扬州，这帮官僚阶级都这般瞧不起自己主公呢？归根结底，其实还是世家大族的劣根性引发的。

前文有提过世家大族的形成，但没有过多提到世家大族的隐患，除了任人唯亲，使得官员选拔机制腐化外，还引发了一个更为严重的后果——有家无国。也就是说，只要能维护住我本家族的利益，谁当皇帝都一样。这在三国谁当皇帝都一样没问题，但是到了晋朝呢？外族人当皇帝也一样？还真一样，六朝时期北方的世家大族就是充当了外族的奸细。

那么无论是荆州还是扬州，统治者目前来看都不是刘琮或是孙权，而是他们背后的世家大族。但是荆州和扬州还是有区别的，也恰恰是这一点区别，让孙权可以打，而刘琮没法打。这区别说白了就是自己的班底，具体一些，就是枪杆子，更具体一些就两个字：周瑜！

《三国演义》中赤壁之战可以说是孙刘两家"八仙过海各显神通"，但历史上的赤壁之战就一个核心人物——周瑜，他才是赤裸裸的主角；诸葛亮、庞统、孙权、鲁肃在那次战役中不过是围着他转的卫星。

刘琮那没有周瑜，只有一个时时刻刻想把他卖掉的舅舅蔡瑁。恰恰因为周瑜这个变量，让孙权这边对比荆州有了质的变化。

孙权底下的投降派喊得最凶的还得数托孤老臣张昭，当年孙策托孤孙权给张昭时说过这样的话：你觉得我这二弟能辅佐你就辅佐一下，不行你就带着咱这套家底接受朝廷收编吧。所以张昭觉得此时曹操南下就到了自己带家底给朝廷收编的时候了。

但是张昭比起荆州蒯越来，有个硬伤，就是他不是江东土著，也就是俗称的并非本地人。所以他就只能拉着"顾陆朱张"这些家族一起瞎起哄。这帮人瞎起哄，孙权就觉得尿点来了，有尿点他就得去上厕所啊，恰好在厕所里碰到了那个和周瑜很像的男人——鲁肃。

孙权寻思着这鲁肃也不是平日里阿谀奉承、自己上个厕所还要跟着递厕筹的人啊。所以敏锐的孙权看出鲁肃的意图，直截了当地说了："子敬，你说吧，找我啥事。"

鲁肃回答也很直接："大人，这帮鸟人在害你呢！曹操那边谁都能投降，唯独主公您不能投降！"孙权听鲁肃这么一说，也来兴趣了，便让鲁肃说下去。鲁肃就说："比如我鲁肃如果投降了，依靠我的才干，再不济也可以做个太守，如果以后遇到个好机会，做一方刺史州牧也无不可啊。"

而后鲁肃又话锋一转，抛出一个哲学性问题：将军迎操，欲安所归？这句话就需要孙权自己细品了，投靠曹操，等待自己的将是什么？所以孙权自己反思了一下，假如自己投降了，能做什么？自己现在是扬州之主，投降了还能做扬州之主？曹操的确需要一帮文臣武将替他巩固国家，但不需要一个野心勃勃的土皇帝来陪自己斗地主啊，当年和曹操一起创业的张邈不就是被曹操给弄死了吗？

所以孙权细思之下极恐，转而又想到了另一个人——刘琮。

我们前面有说过，刘琮投降之后被弄死，那只是《三国演义》的说法，历史上的刘琮活得好好的呢？所以孙权并不能从刘琮的下场上悟出点什么，但是孙权却能从刘琮的身份上悟出点什么。

刘琮是荆州老大不错，但他也是汉室宗亲，现在的天下毕竟姓刘，自己姓啥？能和刘家扯上一丁半点关系吗？而且刘琮的老爸刘表和当地士族混得挺好的，可自己老哥孙策当年在江东可是杀了不少人，部分被他赶到江北的流亡人士可不得恨他恨得牙痒痒？肯定得迁怒到孙权身上。而那些兄长曾经的手下败将王朗、华歆现在在北方混得可是相当好，孙权投降了又该如何和他们同朝而处呢？

鲁肃这番话让孙权醍醐灌顶：是啊，拜自己老哥孙策所赐，自己虽然拥有这江东六郡，可是北投的道路也被老哥给堵死了。

十八、周瑜请战

鲁肃能说出这番话，可谓是真的为孙权豁出性命去了，因为孙权一旦打定主意要打曹操，那就可能面临失败的风险。一旦失败了，孙权自然跑不掉，给他出主意的主战派必然也得拎出几个杀了立典型啊。

鲁肃其实和张昭差不多，在北方也都有退路，他的好友刘晔此刻是曹操的入幕之宾，他只要坚持求和，那么以后在北方待遇未必会有多差，如他所言，即使刺史、州牧也是大有可能。但是鲁肃却成了一个坚实的主战派，原因无他，就是当年孙权刚刚上位时愿意尊重他，给了他在江东发挥能力的机会，就为了这，鲁肃甘愿把命给他！国士无双，也正因为鲁肃有这样的情怀，所以他后来敢于单刀赴会向关羽索要荆州，这样的人在当时的孙权集团真的太少了！

孙权自己细品之下，对鲁肃说了这么一句话："这帮臣下实在太让我失望了！幸亏子敬你及时提醒我，帮我下定决心，这是上天将你赐给我们家的啊！"当然，孙权话是这般说，但是鲁肃毕竟只是个主战派，而非实战派，仗究竟怎么打，还得问问真正亲历战阵的人。

所以，作为赤壁之战绝对的主角，周瑜终于再次出场了。当时周瑜人在鄱阳，虽然今天江西九江离鄱阳县也不远，但在古代，车马不便，往返还是需要一些时日的，于是孙权急忙派人传周瑜。

中国人开会讲究一种艺术，大事开小会，小事开大会，紧急之事不开会；但是在某些方面，大事也需要开个大会走走过场，所以在孙权打定主意后，他需要走走过场，而周瑜恰恰足够分量在走过场时给予自己一臂之力。

大会之上，张昭之流再次慷慨陈词："大家想想哈，曹操虽然是虎狼之徒，但是却有朝廷的加持，他打我们那叫安抚地方，我们打他那叫抗拒王师。况且我们能倚仗来对抗曹操的，不过是长江天堑，现在荆州投降了，等于说我们和曹操共享天堑了。现在曹操有百万陆军，又得了刘表上千艘战舰，水陆并进，咱们只能是死路一条，赶紧投降吧。"

周瑜最高光的一刻在此时迸发，面对众人议论纷纷，他厉声呵斥道："曹操托名汉相，实为汉贼。如今他亲自前来送死，哪有我们投降贼人的道理！？正好省去我们跨江击杀曹操的工夫了。"

严词恫吓了投降派后，周瑜又缓和了下态度，转而对孙权展开了理性分析：从军事角度来说，曹操犯了四忌："今北土既未平安，加马超、韩遂尚在关西，为操后患。且舍鞍马，仗舟楫，与吴越争衡，本非中国所长。又今盛寒，马无藁草，驱中国士众远涉江湖之间，不习水土，必生疾病。此数四者，用兵之患也，而操皆冒行之。将军擒操，宜在今日。瑜请得精兵三万人，进驻夏口，保为将军破之。"

大致意思如下：第一，曹操统一北方？假的，西北的马腾、韩遂可是活得好好的，而且与曹操不对付，时时刻刻准备进攻曹操。第二，曹操有军舰，会用吗？虽然刘表给曹操提供了水军，但是曹操那些陆军统帅能操作好这强大的水师力量吗？第三，曹操兵精粮足？扯淡！人多是好事，但在某些情况下人多也是坏事，曹操带了 10 万人就是 10 万张嘴要吃饭，带了 80 万人就是80 万张嘴要吃饭，现在已经接近隆冬，天寒地冻，他的后勤补给能供养他 80 万人打寺久战吗？第四，水土不服怕不怕？这种事情可大可小，水土不服有个严重的后果就是容易滋生传染病，一旦这传染病蔓延开来，那往小了说军队失去战斗力，往大了说可是会死人的啊！

周瑜分析完这些曹操不利因素后，直截了当地向孙权请战：主公，活捉曹操就在今日，我周瑜只需要 3 万精兵，足可大破曹军！

孙权见周瑜如此说了，知道也该自己表态了，于是他起身说道："老贼废汉自立之心早有，害怕的不过是袁绍、袁术、吕布、刘表和我，现在他们都亡了，只剩下我，我自然与老贼势不两立！"（老贼欲废汉自立久矣，徒忌二袁、吕布、刘表与孤耳。今数雄已灭，惟孤尚存，孤与老贼，势不两立。）

十九、周瑜领兵

为了加深戏剧效果，孙权在慷慨陈词完毕后，拔出佩剑一剑就把桌子给砍了，指着断裂的桌案说道："再有敢言降曹者，有如此案！"

孙权、周瑜这一唱一和，就把这事情给定了，张昭等人纵然不服，也没法反驳。毕竟，孙权和刘琮不同，刘琮即使想打，没有枪杆子也是无能为力。而孙权只要想打，有周瑜等带兵的，咱就可以把这事情给办了！

大会结束后，周瑜又和孙权去小黑屋开了个小会。大会讲究说大话，唱高歌，但是具体操盘还得是小会实际。正如我前面说的嘛，小事开大会，大事开小会。周瑜和孙权私下一碰就谈了很多具体东西，周瑜说："曹操从北方所带部队大致也就十五万，刘表那的军队往大了说也就是七八万，加起来拢共三十万不到，这些人里面曹操本部那肯定是师老兵疲，刘表手下则是出工不出力。"（今以实校之，彼所将中国人，不过十五六万，且军已久疲，所得表众，亦极七八万耳，尚怀狐疑。）

周瑜这么一分析主要是给孙权减缓压力，让孙权明白曹操的兵力是低于三十万，而不是吹嘘的八十万、一百万。那么这样一来，孙权和刘备合兵后踮踮脚是可以逼近曹操的军力的。但接下来周瑜又给孙权说难处了，他说："仲谋啊，刚刚在会上我是和他们说的，所以说得有些轻狂，我寻思了一下，最好给我五万人，这样我们这仗就稳了。"（得精兵五万，自足制之，愿将军勿虑。)

周瑜这么说的意思也确实是为了提醒孙权，曹操再赢弱也是强敌，他必须具备足够的兵力来面对。同时，也是为了以后和刘备分成能有更多的后手，众所周知，把孙刘这次结盟当成是入股成立一家新公司，那么前期你肯定出资越多越有话语权。刘备和刘琦合兵后有两万，我就带三万，那其实也没多多少啊。但是，如果我有五万，那就另一回事了，怎么样也该是战后我拿大头了。

事实上，战后周瑜也确实遇到了这样的问题，因为这利益分割一事，影响了荆州后来几十年的走向。

周瑜从军事角度上提出了自己的顾虑，但是孙权在政治层面也有自己的考量。因为孙权除了要在前线打仗，后方还需要维稳，像张昭等世家大族他们也有自己的私兵。万一孙权把自己这点家底都派出去了，剩下这帮人把心一横，直接杀了孙权传首给曹操也不是不可能，所以孙权需要给自己留个后手。看到这，大家应该明白为什么孙坚、孙策都英年殒命，可唯独孙权能活到七十多，因为骨子里孙权就和他们不是一路人，他的人生从不冒险！

于是孙权就对周瑜说道："五万兵难卒合，已选三万人，船粮战具俱办，卿与子敬、程公便在前发，孤当续发人众，多载资粮，为卿后援。卿能办之者诚快，邂逅不如意，便还就孤，孤当与孟德决之！"啥意思呢？就是告诉周瑜，兵我不是没有，但是仓促之间能收容起来的给你送上战场的就三万人，但是这三万人的装备和物资我也都给你打点好了。这次给你派遣的副手是鲁肃和程普，都是坚定的主战派，你们先在前线顶着，我后续或多或少会再给你派点人去的。你能打赢那是最好，即使打不赢，退回来，咱再合兵一处和老贼决一死战。

孙权安抚周瑜的话说得也很有逻辑，一般说来，你这个前军统帅既然夸下海口，那就一定得赢给我看啊，哪还能出现战败？但是孙权却告诉周瑜，即使战败也不打紧，回来我们一起再打曹操。这样一来，孙权虽然没有给周瑜下死命令，但周瑜一定会死战了。同时，给周瑜安排的人也都是死硬的抵抗派，这样也确保了周瑜对军事指挥权的总体把控，不会出现抗拒命令的人出来搅屎。

当然，说起程普，这里面还是有一段故事。早年程普倚仗自己资格老，对于周瑜年轻就身居高位很不满，经常凌辱周瑜。周瑜就降低自己身份，始终不与他计较。后来程普敬重佩服他，对别人说："和周公瑾交往，就像喝美酒一样，不知不觉就醉了。"这个故事后来被人概括为一个四字成语"饮醇自醉"。

二十、孙刘合兵

程普究竟是何时与周瑜改善关系的，历史上没有交代，有说赤壁之战前，也有说赤壁之战后，咱姑且将其看作是赤壁之战前吧。那么迄今为止，我们可以明白，周瑜—程普—鲁肃这个三角关系已经构筑稳固。那么，接下来就看周瑜能否和刘备达成默契了。

公元 208 年十月，周瑜开始逆江而上，望眼欲穿的刘备终于看到了孙权的军队。此时的刘备很惶恐，既是对诸葛亮的惶恐，也是对孙权的惶恐。因为缺乏《三国演义》的描绘，诸葛亮的才干目前还没得到刘备正视，所以刘备惶恐诸葛亮会不会办砸了这件劝说孙权的差事。对孙权惶恐则是因为刘备担心孙权底下那帮人会不会又是蒯越、蔡瑁之流，孙权会不会步刘琮后尘？

史书记载"备间曹公军下，恐惧，日遣逻吏于水斥候望权军"，这句话很深刻地描绘了刘备的心境，此时刘备人在樊口（今湖北省鄂州市），一旦出事保不齐就带着人马逃亡孙权境内了。

这边一看到周瑜的部队，刘备做了一件很跌份的事情，他赶忙带着乡亲们前去劳军，并邀请周瑜去自己大帐商议具体作战事宜。周瑜很高冷地拒绝了刘皇叔，倒不是周瑜看不起人，而是作为一员大将，来到新的地方，安营扎寨，调兵驻防这些军务是刻不容缓的。周瑜这么做恰恰是敬业的表现，于是周瑜便推说自己军务在身，实在走不开。

刘备见到这么个大救星，哪里还能放手，这时候"求田问舍，怕应羞见，刘郎才气"的架子也不要了，刘皇叔的身份也不顾及了，赶忙自己跑到周瑜大帐里坐了下来。坐下来之后就得谈正事了，刘备与周瑜寒暄了一两句后，直截了当地问道："都督你远道而来，带了多少兵马抗曹啊。"周瑜淡淡地说了一句："足足三万。"

刘备听完怕是得一口老血喷出来，三万？还足足？这下刘备觉得没有排面了，本想着孙权占据那么大地盘，少说也得拿出十万人马啊，现在就只是三万，自己手下都有两万，你这不比我好多少啊。于是很戏剧性的一幕发生了，原本想抱大腿的刘备这下子算是彻底无望了，只能真当孙权是来结盟的了。

于是刘备又提醒了一下周瑜："曹操八十万，我这才两万，你三万，咱们加起来就五万，这仗怎么打？"周瑜很淡定地说了句："我们五万还少？当年伯符老哥打江东才带了多少人？刘豫州你就瞪大眼睛看我江东周郎如何破敌吧？"

周瑜为何要端着架子和刘备说话，其实这里面也是涉及多个方面的。因为周瑜不是主公，如果要算首脑级会晤，周瑜显然目前不够格和刘备对等谈判。那么，周瑜能利用的就只有自己这边的军事优势，但是这个优势此刻似乎不明显。

孙权抠抠巴巴给了自己三万人，对比刘备的两万人优势并不明显，如果自己一来就和刘备"哥俩好，整一盅"，然后顺带一开心把家底给他抖了，那刘备就会立刻争取主动权，反客为主像对付刘表一样对付你，说不定马上就按资排辈指挥你如何如何了。但是周瑜这边先给刘备摆足了谱，把面子挣来了，然后再和刘备托个底。那么尽管刘备得知真相后有一万个不愿意，但是自己的身价掉下来了，也就不好再说啥了。

所以刘备这样的人精，遇上了周瑜，可谓是结结实实碰了个软钉子了。曹操听闻这次孙权派了周瑜领兵，也想借机拉拢下，看看能不能策反过来。于是曹操就派了我们《三国演义》中熟知的蒋干前往。蒋干在历史上是九江郡人，和周瑜也算是半个老乡了，而且同样长得帅，有雄辩才干，在整个江淮一带还少有人能和蒋干对辩。

但是考虑到目前是准战争阶段，所以避免被当成间谍，蒋干还是乔装打扮了一番，扮作一个百姓，以私交来求见周瑜。哪知道蒋干这拙劣的表演被周瑜一眼洞穿，他出帐相迎，开口就问："子翼（蒋干的字）你真是用心良苦啊，奔波这么远就为了给曹操来当说客？"蒋干一副煮熟的鸭子——嘴硬的姿态，说："我和您是老乡，只是久未谋面，这次来只是私交拜访，顺带弹弹琴，你非说我是曹操的说客，你不是胡说八道吗？"

蒋干言下之意很明显：周瑜，你小子别诈我啊，我是来找你弹琴唱曲的。周瑜于是改口说："行啊，弹琴就弹琴，我虽然比不上夔和师旷这样的大家，但弹琴赏曲还是可以的。"（吾虽不及夔、旷，闻弦赏音，足知雅曲也。）"曲有误，周郎顾"这还是所言非虚的，所以蒋干以这个为切入点很有技巧。

而后周瑜摆下宴席，和蒋干胡吃海喝了一通，完事了就对蒋干说："兄弟，我还有军务，就先给你安排去别处休息了，等我处理完军务，再请你来做客。"历史上的发展进程明显就和《三国演义》不同了，既然蒋干没有留宿军中，想来也就不存在盗书信这回事了。

过了三天后，周瑜再次请蒋干来军中，带着蒋干看了看自己军队的装备精良以及士气高昂，而后又设下宴席，宴饮期间再将精美的服饰和器物展示给蒋干。接下来，周瑜便义正词严地说了这么一番话："大丈夫处世，遇到英明的主公，在外以君臣之义维护，在内又能以骨肉之恩笼络；对你的话言听计从，并可共患难。这种情况即使苏秦、张仪、郦食其等人复活也不一定能说动其心，难道足下你这点微末道行就能为之动摇？"（丈夫处世，遇知己之主，外托君臣之义，内结骨肉之恩，言行计从，祸福共之，假使苏张更生，郦叟复出，犹抚其背而折其辞，岂足下幼生所能移乎？）

周瑜这话说得客气也不客气，客气之处在于虽然他一早就洞悉了蒋干的意图，但蒋干自己不说，周瑜也一直给他留面子。不客气的地方在于，很果决地告诉他，孙权这么厚待我，哪怕是张仪、苏秦、郦食其这种能说会道的辩士都无法让我改变志向，何况你呢？

周瑜把话说到这个份上了，蒋干也只能苦笑而不语，最终讪讪离去。蒋干回去之后还来了一波反向宣传，一个劲地在北方称呼周瑜雅量高致，不是言辞可以鼓动的。这么一来，周瑜的名声后来在北方大盛。

那么，既然外交层面不为所动，这下曹操只能和孙刘来硬的了，赤壁之战一触即发！

第四章

赤壁鏖兵，谈笑樯橹灰飞灭

一、多面曹操（上）

在开讲赤壁大战之前，我们不妨来说说曹操，因为本书的主角不是他，所以作为三国历史上大放异彩的人物，他一直只存在于我们的偶尔提及中。但作为赤壁之战一方的主角，我们还是多少剖析一下他的人生吧。

这一次，我们从曹操的三首诗作中描绘他的改变，就让我们以最简洁便利的方式敲开曹操复杂多变的一生吧。

蒿里行

关东有义士，兴兵讨群凶。

初期会盟津，乃心在咸阳。

军合力不齐，踌躇而雁行。

势利使人争，嗣还自相戕。

淮南弟称号，刻玺于北方。

铠甲生虮虱，万姓以死亡。

白骨露于野，千里无鸡鸣。

生民百遗一，念之断人肠。

这首诗写于曹操早年，大意是说关东联军为了大义讨伐董卓而齐聚酸枣，然而却因各怀鬼胎以至于行动不一，相互勾心斗角，甚至是互相攻伐。而作为关东联军的灵魂人物，袁绍、袁术兄弟一个则妄图另立中央，一个自立为帝，原本大义昭昭的讨逆行动却沦落至此。更令人伤心的是，因为这连年的战乱士兵长期脱不下战衣，铠甲上生满了虮虱，众多的百姓也因连年战乱而大批死亡。尸骨暴露于野地里无人收埋，千里之间没有人烟，听不到鸡鸣。一百个老百姓当中只不过剩下一个还活着，想到这里令人极度哀伤。

从这首诗中，我们不难发觉曹操的两点心迹——"吊民伐罪"的拳拳义举和"悲天悯人"的博爱之心。他憎恶各地军阀的勾心斗角，怜悯无辜死难的黎民百姓。试想一下，一个具备这样情怀的人，又有多少人会将他和后世口中的"奸雄"曹操相挂钩。

翻阅曹操的早年事迹，我们对于他的最初印象必然会是一个"侠义昭彰，恪尽国事"的正直形象。

公元174年，年仅19岁的曹操因"举孝廉"进入了官场，当时的他因为出身问题被士族子弟蔑称为"阉宦之后"。在东汉的官场，士族和宦官经历两次"党锢事件"后俨然成了一对死敌，在这样尴尬的境遇中，曹操做出了他人生中第一个重大的抉择，这一抉择让他与"宦官集团"彻底割裂了开来，而这件事便是"棒杀蹇图"。

曹操第一任官职为洛阳北部尉。洛阳作为东汉都城，是皇亲贵戚聚居之地，所以鱼龙混杂，很难治理。曹操一到职，就申明禁令、严肃法纪，造五色大棒十余根，悬于衙门左右，告谕"有犯禁者，皆棒杀之"。而当时汉灵帝宠幸大宦官蹇硕，以至于"一人得道鸡犬升天"，蹇硕的叔叔蹇图便也就在洛阳肆意妄为起来。一日蹇图违禁夜行，撞在曹操手中，曹操毫不留情，将蹇图用五色棒处死。至此之后，史载"京师敛迹，无敢犯者"。

当然，在盛世做一个遵纪守法的官员你会受到表彰，可在一个末世，你选择做一个遵纪守法的官员，那就有可能付出代价了。有人说曹操此举是"沽名钓誉，故意谄媚士族"，也有人说曹操是"初生牛犊不怕虎"，但不管如何，在这件事上曹操确实是做到了"仗义执法"这四个字。所以，曹操也付出了代价，被贬到顿丘做县令去了。

公元 178 年至公元 188 年这十年间，曹操的主旋律就是在与宦官集团的对抗中，不断地升迁又赋闲，起用又赋闲。虽然中间经历了一个"黄巾之乱"，但并没有改变曹操的境遇。

很快，曹操面临了他人生的另一个抉择。

二、多面曹操（中）

公元 189 年，董卓进京，东汉王朝的主要矛盾一下子从"宦官"与"士族"的对垒演化成董卓控制下的朝廷与各地军阀之间的矛盾。而这一次，曹操选择站在了关东各路军阀一边，他改易姓名逃出京师洛阳。曹操到陈留后，"散家财，合义兵"，且首倡义兵号召天下英雄讨伐董卓。

然而，这场轰轰烈烈的"讨逆行动"却渐渐演化成各路诸侯之间的"勾心斗角，互相吞并"。在讨董期间，各路诸侯置酒高会，在董卓撤退至长安后，各路军阀更是放弃追击。而当时敢于真正追讨董卓的也只是曹操与孙坚二人而已，历史上没有"温酒斩华雄"，也没有"三英战吕布"。斩华雄的是孙坚，阻吕布的是曹操，在那个浑浊不堪的东汉末世，他们两人恰恰好像两股政坛的清流，冲洗着世间的污浊。

然而，就像现在许多大学生一样，年轻时或多或少会有一些愤青，以天下为己任，年轻时的曹操也恰如他们，秉持着心中的正义，做他认为正义的事。直到有一天，高举"义帜"的曹操开始蜕变，时势让其世故，那么历尽千帆，彼时的曹操又是如何？

观沧海

东临碣石，以观沧海。

水何澹澹，山岛竦峙。

树木丛生，百草丰茂。

秋风萧瑟，洪波涌起。

日月之行，若出其中；

星汉灿烂，若出其里。

幸甚至哉，歌以咏志。

这首诗是曹操在北征袁氏残余及乌桓部众后，回返途中所写。人到中年，功业已建，于任何人来说，都是一件值得欣慰的事情，更何况是曹操。回顾往昔，自关东军讨董结束，曹操一路歼灭群雄，破陶谦、荡袁术，逐刘备，擒吕布，收张绣，破袁绍，渐渐将一个破碎的北方重新捏合成了一个整体。

这个时期的曹操对比青年时代已然有了较大的蜕变，年轻时的曹操如果说是一个"满腔义气"，做自己认为对的事的执着之人，那么，此时的他渐渐为了要去实现一些愿景而变得不择手段。

这段时期有两件事足以看破曹操的本性，一是"残杀孔融"，二则是"屠戮徐州"。先来说"徐州屠城"一事，事情起因是曹操的父亲曹嵩为躲避董卓之乱，来到徐州避难。然而，他一家却被徐州牧陶谦手下杀害。当时刚刚入主兖州的曹操雷霆大怒，即刻点齐兵将东征徐州，报陶谦等人的杀父之仇。史载："初，曹操父嵩避难琅邪，时谦别将守阴平，士卒利嵩财宝，遂袭杀之。初平四年，曹操击谦，破彭城傅阳。谦退保郯，操攻之不能克，乃还。过拔取虑、睢陵、夏丘，皆屠之。凡杀男女数十万人，鸡犬无余，泗水为之不流，自是五县城保，无复行迹。"

寥寥数十字将这场残酷的大屠杀勾勒得淋漓尽致，曹操为何要讨伐徐州，为何要屠城？现代越来越多的人将其与单纯的"报父仇"剔除开来，认为是曹操对外扩张的一个必然结果，而"屠城"恰恰体现了曹操为达目的不择手段的心迹。

而杀孔融事件则更加将曹操推向了"风口浪尖"，有人说曹操是个投机分子，曹操杀蹇图让其站在了士族一边，抱上了士族这棵大树，而杀孔融则又是他站在士族对立面的一次转变。杀蹇图是对士族示好，杀孔融是对士族示威，士族对于曹操在不同时期意义不同，这是肯定的，但孔融真的就能代表士族吗？我们不得而知，但杀孔融却直观地体现了曹操"为杀而杀"的心迹，这次诛杀非为百姓，更不是为了大义，而是曹操个人的欲望和利益。也许，当年那个意气风发的青年，真的已经消失于历史的风尘之中了。

三、多面曹操（下）

龟虽寿

神龟虽寿，犹有竟时。

螣蛇乘雾，终为土灰。

老骥伏枥，志在千里。

烈士暮年，壮心不已。

盈缩之期，不但在天；

养怡之福，可得永年。

幸甚至哉，歌以咏志。

这首诗素来有争议。有人说这首诗写于曹操击败袁家残余势力之后，也有人说这首诗成诗年代相对要往后，大致在曹操暮年建铜雀台，受封魏公后。而我则更倾向于相信后者，因为从这首诗中，我们已经发现，兵戈争鸣，气吞天下之势已经大减，取而代之的则是壮志难酬的落寞和对余生之力的诉求。

自从赤壁之战失败后，曹操有了很大的改观，他在军事上不再变得冒进和狂热，转而投入到内政方面。有人说是因为他明白自己有生之年已经无力实现天下统一，只能寄希望于后人，当然，也有人说曹操意识到连年征战给这个国家带来了什么，他在用余力医治战争创伤。

而我只想说，每个人在不同时期，不同阶段都会有着不同的心迹。青年时曹操的"仗义"和"悲悯"也许会因为关东联军的暗怀鬼胎而变质成为用诈力谋取天下的中年曹操，而中年时期的曹操同样会因为赤壁之战的失利而去反思自己，转而蜕变为暮年尽弭刀兵的曹操。日出入安穷？时势不与人同。没有人可以一成不变，曹操也不例外。理解了这些我们似乎就能相信，当初感慨"白骨露于野，千里无鸡鸣"的曹操与屠杀徐州不眨眼的曹操终是一个人。

晚年的曹操被人们诟病为又一个王莽，王莽因为篡汉，历来被后人所唾骂。因为在中国的权力游戏中，对于那高高在上的权力，你可以去抢，但不能偷，谁抢到是谁的，但谁偷了，注定要背上"窃国大盗"的骂名。

"周公恐惧流言日，王莽谦恭未篡时。向使当初身便死，一身真伪复谁知？"这是白居易对王莽评价。诗的内容很浅显，乐天肯定了周公，否定了王莽。的确，王莽改革币值，使得百姓手中的钱越变越少，恢复井田制，收农田归公，征伐高句丽不克，致使乱民四起，绿林、赤眉纷纷起义，帝国也走向了崩溃。当然，近年来也有学者为王莽翻案，称其为"空想社会主义"的早期践行者。

曹操比王莽更复杂，所以对于曹操的评价自然不一。然而，对于一个人何必要给出一个统一而定性的答案呢？须知人本来就是复杂的，就像电视剧《新三国》中，曹操对自己评价的那句台词："昨日世人看错了我，今日他又看错了，也许明日还会看错。但我终究是我，我从来不怕别人看错我。"

回过头来，此时的赤壁之战还未打响，所以也就没有赤壁之战后佛系的曹操存在，孙权所面对的是人生处于第二时期的曹操。他冷酷、残忍、迷恋武力，在他的认知中，孙吴是没有资格敢于抗拒他的部队的，孙权唯一的道路只能是俯首称臣，一旦拒绝，等待孙权的只能是灰飞烟灭。

但是，这只是曹操的认知，如今的孙权是他生平以来从未见识过的对手，他年轻且又有韧性，又兼具中年人的持重，与他的父兄截然不同。可曹操对于孙权此时的认识，不过是一个和刘琮一样不堪的年轻人。而周瑜，也许是个义重如山的托孤之臣，可又能如何呢？在强大的军事力量面前，一切都是徒劳。

公元 208 年十二月，在寒意浓浓的年底，曹操终于发动了他旨在一统南北的终极一战，仓促却又蓄谋已久。

四、赤壁交兵

江陵城边，周瑜、刘备、曹操三方军队在赤壁遭遇，没想到刚一接触，曹操军队就出现了戏剧化的一幕，人数众多的曹军竟然抵挡不住孙刘的联军，像赶鸭子一样，被赶到了江北岸，而后双方隔江对峙，周瑜、刘备屯军江南，曹操驻军江北。

这个时候就让很多人费解了，看似强大的曹军何以如此不堪一击？根据史料里的一句"时曹公军众已有疾病"似乎可以推测出，周瑜所预判的第四点出现了，大规模的传染病果然影响了曹军的战斗力。当然，也正因为如此，后世的诸多学者将赤壁之战失败的根源归结于传染病，这显然是有失偏颇的，区区传染病不至于让曹军彻底崩盘。这一点，周瑜也是明白的。

传染病可以杀伤一部分人，但是哪怕隔离掉一半，曹军的兵力依旧是孙刘联军两倍以上。所以现在周瑜要抢夺的是时间，通过战争骚扰打乱曹操的阵脚，让他的军队在混杂中人传人，达到传染病扩散的最大效果。但是曹操也不是傻子啊，又不是第一天打仗，又不是第一次见传染病，所以他采取了有效的坚守不出战术，希望抓紧时间完成士兵对于传染病的免疫。

曹操有战术，但是周瑜也不是傻子，既然没法引诱曹操出战，那就想别的办去突破。突然间周瑜发现了一个情况，原来曹操为了适应士兵们晕船的情况，将铁锁锁住了船只，连环结阵。看到这，也许朋友们要说了：这不是庞统献的连环计吗？注意，历史上曹操这么做还真的和庞统没任何关系，这完全是曹操自己的突发奇想。

曹操这么做，让周瑜这边的一位老将按捺不住了，我想我不说大家估计也猜到了，没错，就是黄盖。黄盖当时就对周瑜献计说："都督，如今敌众我寡，我们须借力打力，对面曹操都把船只结成棺材板了，我们正可以借助火力啊。天干物燥，一把火烧得他妥妥的。"（今寇众我寡，难与持久，然观操军船舰首尾相接，可烧而走也。）

计策不错，但是怎么操作呢？这难不倒周瑜，周瑜立刻让黄盖去诈降。哎，怎么诈降？先打一顿再说？其实并没有，《三国演义》在写赤壁之战的时候套路多多，尤其是周瑜，不像在打仗，反而是戏精，各种套路或者说故作套路轮番上演。又是让黄盖配合苦肉计，又是让庞统去献连环计，又是让诸葛亮借箭、借东风，又是让蒋干盗书实现反间计。这些桥段看似经典，但是实际过程中并不会——一用到。

比如说黄盖诈降，这点完全不用来一波自残行为获取信任，因为当时曹操对于别人投降已经习以为常了。毕竟曹操一路南下一路受降，黄盖投降和蔡瑁投降没什么分别，当然，曹操也不傻，必要的考察盘问还是有的。史书记载说："曹公特见行人，密问之。"结果很不巧，黄盖派去的联络人成功经受住了曹操的考验，黄盖诈降顺利成功。

那么，剩下的就是看风向了。曹操对于自己铁锁战船的计策迷之自信在于他认定冬天刮不了东南风。但是电影《赤壁》里给我们一个科学的解释——内湖风，在南方一带生活的人自然可能对于当地气候有着敏锐的把握，而黄盖敢于献计说明他认识到这一点，周瑜采纳他的计策则说明周瑜也知道这一点。

就在十二月中旬的某一天，东南风还真的刮起来了，黄盖觉得机不可失，急忙带着十来艘装满干柴火油的舟舰上路了。至于为何要选这一天，我想理由黄盖应该也编好了：起风了我来您这的速度才更快吗？

走到大江中间的黄盖让手下人把帆都升起来了，并大喊：投降的人来啦！（中江举帆，盖举火白诸校，使众兵齐声大叫曰：降焉！）

而后，史书对于接下来的战争经过花了如是笔墨进行描写："去北军二里余，同时发火，火烈风猛，往船如箭。时风盛猛，悉延烧岸上营落；飞埃绝烂，烧尽北船，延及岸边营柴。顷之，烟炎张天，人马烧溺死者甚众，军遂败退。"笔墨虽然不多，但也基本上给我们勾勒出这一幅画面了。黄盖的战船在距曹操二里处点火冲击，风助火势，一下子将曹军水寨点燃，继而又蔓延到了陆寨。

五、火烧赤壁

这火势一旦引燃，那就没法遏制了，不一会儿就进入了失控状态，曹军或是因为传染病四肢无力在大火中被烧死，或是惊慌失措跳江淹死，基本是转瞬间报销了千八百号人了。

作为三军总指挥周瑜怎么会错过这次机会，他早就在陆上安排好了精兵强将，就等曹军一上岸立刻发动总攻。这时候刘备的部队也杀到了乌林，半年前刘备还被曹操一路撵一路赶狼狈逃窜，这回轮到他出气了，可劲往曹军那大开杀戒。于是曹操做了一个举动——公烧其余船引退，曹操将剩余战舰一把火焚毁，避免周瑜缴获后利用水路优势继续沿江追击。

紧接着，为了避免刘备军的追击，曹操避开大路，沿华容道小路撤退回江陵。毕竟是小路，所以路况不好，外加上当时又下了点雨，冬季的雨水总是冰冷刺骨。面对泥泞的小路，曹操让羸弱老兵前头背草填路，而后路铺好了直接骑兵踩踏而过，这样一来，连人带草全部被马蹄踏进了泥坑里，一时间死伤无数。在撤退之时，曹操一贯保持着他的残忍与狡诈，凭着抄小路的契机，曹操安全逃脱，顺利与江陵地区的后续部队会合。

大难不死的曹操，做了一件有意思的事，史载："军既得出，公大喜，诸将问之，公曰：'刘备，吾俦也。但得计少晚；向使早放火，吾徒无类矣。'"

这应该对比《三国演义》里面曹操的三次怪笑，只是这里面他没笑周瑜无谋，诸葛亮少智，单单笑刘备这厮脑子转得慢。自然也没有赵云、张飞的突然杀出，更没在华容道遇上关羽。不过似乎刘备后来在追击过程中还真跑到华容道放火了，只是速度上慢了曹操一拍，只能失之交臂了。（备寻亦放火而无所及。）

综上所述，真实历史上的赤壁之战大致就是这么一个情形，没有《三国演义》里描绘的那般波澜起伏，曹操也没有被描绘得那么狼狈，至少比起濮阳城差点被大火烧死要好很多。那么，回过头来，我们情景模拟，这场赤壁之战中曹操究竟错过了什么？

有人说，曹操时机没选对，不应该操之过急，对于荆州地区要做到缓步消化。当然，这种说法见仁见智，其实曹操并没有所谓操之过急，曹操在追击刘备失利后，至少花了三个月在荆州休整，而就恰恰是这三个月时间，刘备和鲁肃会晤了，诸葛亮出使江东了，孙权确定要反抗了，周瑜整顿好军备杀来了。

如果说曹操真的操之过急，那么他在第一次追击刘备失利后，应该马不停蹄再次组织人马进攻夏口，不就是两万人马吗？我拿人头堆我也要把你夏口踏平了。如果曹操真灭了刘备，那边孙权还没完成好总动员呢，这样的开局，孰胜孰负又两说了。

那么，曹操在这三个月内究竟做了啥呢？其实曹操真的没有浪费一丝时间。首先，对于荆州的把控，曹操很快进行了一波人事操作，荆州长江以北的几个州郡，诸如樊城、襄阳、江陵都实现了曹军和荆州军的换防，后来曹仁能在荆州占据一席之地，也得益于这段时间的人事调整。

同时，为了保证自己东下不受滋扰，曹操还争取来了益州刘璋的归附，史书记载："都益州牧刘璋始受征役，遣兵给军。"也就是说刘璋还派了客军投入到曹操这次东征中，成了曹操在南方最默契的盟友。并且，赤壁之战后，刘璋还对曹操安排了人进行邦交访问，只是后来因为一系列鸡三狗四的琐碎事情，让曹操和刘璋的使者闹掰了，这个使者叫张松，他的故事则是后来刘备入蜀的导火索。

显然，这次战争真不是操之过急的锅。那是因为传染病？的确，现在很多学者将曹操失败归结于传染病让曹军失去了战斗力。但这似乎也并不是主要因素，当年伏波将军马援南下交州平叛的时候也遇到过传染病，后来诸葛亮征讨南方云贵地区的叛乱同样遇到瘴气。但最终这两人也顺利完成了平叛任务。可见，传染病在强大的军力以及严密的管制措施下，似乎并不能大规模杀伤军队。

事实上，曹操发现军中传染病流行后，的确实施了有效措施，坚守不出以防扩散。所以最终败象必然也不会是传染病导致的。

六、荆州分割

那么，通过后续的进展，我们发现曹操很多失误都来源于对于江南的了解不足。他不知道江东子弟的血性，无论是周瑜还是鲁肃，抑或是吕蒙，他们身上有一股睥睨天下的豪情。这血性注定他们不可能像蔡瑁这帮荆州人抑或是袁绍残部这帮人一样宾服强者。所以，曹操想要他们屈服是做不到的，除非先打一仗再说！

曹操同样不了解水战船的作用，船在水战中除了比吨位，比炮石，还得比机动性和灵活性，给你舰船不是让你打造成移动棺材的。曹操的铁索连舟其实就是把这战舰打造成了移动棺材，一把大火魂归九天。

曹操还不了解南方的天气，他觉得冬天刮不了东南风，可是本地人分分钟传授给他实际经验——冬天的江边，是可以突然刮东南风的，所以你的船被烧一点都不冤！

　　回过头来，赤壁之战对于孙刘曹三方都是影响甚大的，首先对于曹操来说，一统天下的希望被破灭，中国至少得再在分裂期中保持着一二十年。而孙权正式从一个和益州刘璋、荆州刘琮一般的地方军阀一跃成为执南方牛耳者，仅次于曹操，成为当时中国军事力量的 No.2，南中国当之无愧的霸主！这战过后，张昭等江东主和派也将彻底收心，他们明白，自己已经被彻底绑上孙家的战车了，除非单人跑路去曹魏，否则就得安安分分像侍奉君主一般侍奉孙权了。

　　但是，得益最大的还得数刘备。战前的刘备不过是一个生死命悬一线的流亡者，可这场赤壁之战打完，荆州有广大的地盘向他招手，诸葛亮的三分天下计策第一步即将开启！

　　刘备的反应很迅速，既然曹操走了，那荆州广大的地区需要一个人去统御，而刘表的长子刘琦就恰恰是最名正言顺的，很快，刘备便上表刘琦领荆州刺史。刘备刚刚和孙权结盟打完赤壁之战，曹操势力还没全盘退出荆州，就突如其来搞这么一手，孙权表示很愤慨。

　　我们之前有说过，荆州的命运归属说白了还是决定于荆州本土世家大族，那么赤壁之战后，北方的世家大族和曹操走了，还剩下不少南方世家大族啊。对比孙权这个外来户，荆州这帮士族当然是更倾向于老东家刘表的长子刘琦啦。这一点刘备看得明白，所以他这么做了；同时孙权也看明白了，所以他注定要生气。

很快，周瑜以"打击曹操在荆州残余势力"为由，征召刘备一起去攻南郡。当时的荆州地区，长江以北的几个郡基本都在曹操手里，长江以南孙权占据了江夏郡绝大部分地区，进而则将目光投注到了地跨江南江北的南郡身上。

拿下南郡，既可以将曹操部队逐出长江以南，与曹操划江而治，亦打通了前往益州的通道，这样一来鲁肃版"隆中对"即可进入到第三步。

虽然曹操在赤壁之战大败，但是在南郡仍投注了大量兵力，部下曹仁守备南郡治所江陵城，在曹仁的外围，还有曹军的大将徐晃、乐进、满宠、文聘、李通诸人。其中徐晃、乐进、满宠不必多说，这是曹操自家人马，除了满宠我们陌生一些，徐晃和乐进都是《三国演义》里名声在外的大将。而文聘则是曹操拿下荆州后收编的猛将，在后来与孙权的交战中多次发挥了骄人的战绩，但这些都与本书无关了。至于李通，其实这场仗是李通生平中打得最后一场仗了，且李通就死在此战之中，注意不是战死，而是病死，倒也令人唏嘘。

在开战之前我们有必要了解下曹仁这个人，因为《三国演义》对他着墨不多，但是在历史上，曹仁确实是个狠茬。只有详细交代曹仁的生平，才能让大家明白周瑜究竟对阵的是怎样的对手。抛开《三国演义》的铺垫，我们不禁要问：曹仁真的就比关羽、张飞逊色很多吗？

事实上，曹仁很牛。作为曹氏宗亲，曹仁究竟有多牛呢？一句话概括便是官阶高、出道早、任务重、对手名气大。曹仁的官阶有多高呢？他是曹丕登基称帝乃至皇帝生涯期间加封的三个大将军之一。大将军是中国古代武官军职的顶级存在了，始于战国，是将军的最高封号。汉代沿置，职掌统兵征战。

七、悍将曹仁

虽然在秦汉三国时期大将军这一官职发生了一些变化，但仍然是军队的最高统治者。有名的如韩信、卫青等，直至该称号在经历东晋十六国后，逐渐失去了以往的神圣性和唯一性。曹丕封的三个大将军中，资历最老的夏侯惇是一个，给曹丕东南称臣的孙权是一个，而剩下的一个便是曹仁。功劳威望如“五子良将”，宗亲子弟如曹洪、曹休都未曾染指这一官职，由此可见曹仁的地位。

曹仁出道也早，黄巾之乱爆发后，朝廷曾下诏各州郡豪强可自行募集兵马讨贼。而曹操起家的数千人马中，他与夏侯惇、夏侯渊兄弟有部曲一千余人，曹仁自己游于淮河、泗水间便聚集了千余名豪杰，归附了曹操。也就是说曹操刚起兵的时候曹仁的兵马占了曹操部下的一半之多。而那个时候曹仁才多大呢？黄巾之乱是中平元年（公元 184 年）爆发的，而曹仁出生于公元 168 年，他上战场讨黄巾的时候才不过十六七岁的小伙子。这样的年纪即使放在今天也不过是一个中学生，其出道不可谓不早。

曹仁任务也很繁重，这个可以说自他出道以来，都是奋斗在第一线的。曹操早年几次征伐徐州，曹仁都是开路先锋，以至于在很长时间内，曹操都搁置了曹仁做一方郡守的提议，而让他长期留在军队。

等到了曹操赤壁之战失利后，曹操决心固守来之不易的北方战果，从而将全国划分了五个战区进行战时协调。除了北方的代北战区和辽东战区，剩下三个都是在南方，其中两个主要针对东吴——江淮战区和荆州战区，一个针对蜀汉——雍凉战区。而这南方三大战区中，作为核心枢纽的荆州战区便是曹仁负责，而另两个战区负责人都是资历比他老很多的夏侯惇、夏侯渊兄弟。如此重任压在曹仁肩上，担子确实不轻。

当然，官阶高和任务重都可以解释是曹操的照应，出道早也能勉强称其生逢其时，可如果要把曹仁所交锋过的对手扒拉一下，那大家肯定会认可曹仁的含金量了。

曹仁第一次闪亮出手是追随曹操南征徐州，徐州牧陶谦在曹操的强大攻势下，损师失地，而贡献最大的要数曹仁。而紧接着，曹仁便遇到了生平第一个劲敌——吕布。历史上的吕布虽然没有《三国演义》中描绘的武艺天下无双，可也算得上是一方诸侯，尤其是吕布偷袭兖州算得上曹操人生中的一个低谷。

在曹操回师兖州的过程中，正是曹仁一马当先，拿下了句阳重镇并生擒吕布将领刘何。曹仁的这一斩获等于是撬开了战胜吕布的关键点，而后曹操顺利收复了兖州，驱逐了吕布。不久之后，北方军力最强的袁绍挟七十万大军来征讨曹操，曹操带上了曹仁在内的一干将领与袁绍鏖兵官渡。当时曹操的后方也不安稳，先是袁术残部刘辟滋扰许地，而后，受到袁绍资助的刘备也出袭濦、强诸县。

曹操为此很忧虑，可曹仁却说："南方诸县以为我军当下有官渡之急，不能解救他们，而刘备此时却以大军压境，他们的背叛是正常的事。但刘备刚刚带领袁绍的兵，还未能得其所用，一击便可破了。"曹操同意其言，于是令曹仁遣骑攻打刘备，将其击走，曹仁终于尽复收各个叛县而还。后来袁绍遣别将韩荀想抄断曹军西道，却被曹仁破之于鸡洛山。袁绍自此不敢再别遣分军。曹仁又与史涣等抄截袁绍的运粮车，尽烧其粮。可以说，正是曹仁解决了曹操与袁绍对峙时的后顾之忧，确保了曹操官渡之战的胜利。紧接着，曹操在赤壁之战被孙刘联军击败后，守卫曹操领地南大门的重任再次落到了曹仁身上。当时的荆州为曹刘孙三家分割，曹操占据了荆州北边，刘备占据了荆州西边，而孙权则趁机拿下了荆州东部。曹仁协同徐晃等人，守备这危若累卵的南郡等地。

此时周瑜的人马由赤壁之战后的三万又陆续汇集了一些后续部队。同时，益州刘璋的一支客军率部投靠了周瑜，这无异于让周瑜的兵力又增进了不少，保守估计，此时的周瑜兵力当在五万之上。但是曹仁的兵力亦不容小觑，也许单江陵城的兵力曹仁可能逊于周瑜，可是周围那些机动部队一旦合兵，兵力亦足可与孙刘联军匹敌。

八、南郡之战

周瑜和程普到达战场后，首先将数万兵马驻扎在了长江南岸，与江北的江陵城一江之隔。当然，我们前面说过了，孙权为防止刘备趁机磨洋工，让周瑜在其后调动刘备协同出击，也就有了周瑜与刘备军队混编，你中有我，我中有你的奇景。

《三国志·周瑜传》引《吴录》曰："备谓瑜云：'仁守江陵城，

城中粮多，足为疾害。便张益德将千人随卿，卿分二千人追我，相为从夏水入截仁后，仁闻吾入必走。'瑜以二千人益之。"

从这段中我们可以看出，刘备将自己的三弟张飞及所部一千人派遣到周瑜手下驱使，以此争取到周瑜分拨给自己二千人马控制，而后周瑜负责主力进攻。刘备则在外围截击其他赶来支援曹仁的部队，抑或是曹仁想要突围的部队。

既然已经部署完毕，那紧接着就开打了，接下来，《三国志》中记载了曹仁一段神乎其神的事迹。

"瑜将数万众来攻，前锋数千人始至，仁登城望之，乃募得三百人，遣部曲将牛金逆与挑战。贼多，金众少，遂为所围。长史陈矫俱在城上，望见金等垂没，左右皆失色。仁意气奋怒甚，谓左右取马来，矫等共援持之。谓仁曰：'贼众盛，不可当也。假使弃数百人何苦，而将军以身赴之！'仁不应，遂被甲上马，将其麾下壮士数十骑出城。去贼百余步，迫沟，矫等以为仁当住沟上，为金形势也，仁径渡沟直前，冲入贼围，金等乃得解。余众未尽出，仁复直还突之，拔出金兵，亡其数人，贼众乃退。矫等初见仁出，皆惧，及见仁还，乃叹曰：'将军真天人也！'三军服其勇。"

说的是当时周瑜领军来犯，结果曹仁先是派敢死队上前拼杀，眼见敢死队即将被消灭，曹仁居然带了十几骑出城救援。别人以为曹仁出城只是做做样子，哪知道曹仁还真是冲入万军丛中把敢死队头头牛金给救出来了，有些士兵还未能突围，他又再次冲杀进去救人。

这一幕像极了《三国演义》里赵子龙的七进七出，只不过赵云的七进七出历史上是虚构的，而曹仁的突入重围却是历史所载的。虽然无可否认的是，曹仁这段确实有美化的色彩存在，但是他这不按照套路出牌的方式还是让周瑜有些迷惑。

在丢了部分尸体于江陵城下后，周瑜旋即开始新的部署。比如这个时候周瑜突然又有了一个新思路，他将目光瞄准了夷陵城。说起夷陵，大家脑海中闪过的必然是夷陵之战，这是一场发生于若干年后，又一场影响三国历史走向的战争，但是目前夷陵只是一个被重点关注的城池。

夷陵的地位很重要：第一，夷陵城作为江陵的辅城，与江陵城可形成掎角之势，一旦曹仁援军杀到，抢先拿下了夷陵城，那么周瑜再打江陵压力很大。第二，夷陵还是荆州进入益州的通道，我们之前说过了，无论是鲁肃版的"隆中对"还是诸葛亮版的"隆中对"，益州地区都是得归自家主公的，所以拿下夷陵对进入巴蜀显得格外重要。

甘宁适时地提出攻取夷陵的建议，很快得到了周瑜的首肯，毕竟，作为曾经从益州东入荆州的人，孙权集团中不会有人比甘宁更熟悉该地区地形。说到地形，周瑜心里还有另一个盘算，夷陵地区多为山地，一旦进入到该地区，骑兵部队无法发挥优势。而倘若曹仁分兵来救夷陵，那么，等待他的将是周瑜与甘宁的夹击合围。

甘宁率领的数百突击队很快完成了周瑜的任务，迅速拿下夷陵。但同时曹仁也得知了这一消息，赶忙拨出五六千人包围住了夷陵。被围的甘宁紧急向周瑜发起了求援，而这时周瑜军中立刻又出现了两派意见。一派坚持认为不能分兵，因为曹仁分兵在于他人数多，而自己这边一旦分兵，那和曹仁对峙可就无法持平了。一旦曹仁这时候再像上次一样，带着牛金就杀过来了，咱这边怎么顶得住？

但是另一派则坚持救援甘宁，这一派就一个人——吕蒙，但这人说话分量很足，他说："留凌公绩，蒙与君行，解围释急，势亦不久，蒙保公绩能十日守也。"吕蒙的意思是，派凌统留守大营，自己和周瑜率兵救援，吕蒙能确保这个凌统可以守住十天。

九、夷陵得胜

吕蒙和凌统之前我们在讲征伐黄祖的时候就说过了，俩人都参与过突击黄祖的火线任务，所以对于凌统的能力，吕蒙还是信得过的。同时，吕蒙和甘宁关系也非常好，可以说是磕头兄弟，甘宁曾经与吕蒙登堂拜过母，吕蒙早先在孙权面前也是一个劲儿夸赞甘宁。

大家似乎会有些好奇，这个吴下阿蒙吕子明究竟有何魅力，让一对血海滔天的仇人都能倾心与他结交。其实回过头来看，一个能做到"士别三日当刮目相待"的人，他本身就是一个极具魅力的人啊，所以有些事情自然也无需理由。

吕蒙如此安排，确保了守备大营之人素质过硬，能扛住十天，同时也避免了军中部分人趁着这种机会下黑手，在救援中搞死甘宁。这样的安排，让周瑜很是满意。而后，吕蒙与周瑜在救援途中，吕蒙再次献策，他请求周瑜留下一部分人负责堵塞山路，这样一来，救援成功之后，曹军势必要溃败。山路本就崎岖，再被这么一堵，败军为了活命肯定是弃马而逃了。五六千人的战马，这样的数量对于江东这个非产马区，确实是笔丰厚的战略物资。

对于吕蒙的建议，周瑜很赞赏，于是一切安排妥当后，在晚上发起了对曹军围城部队的突袭，曹军围城部队此战损失过半。溃败之下的曹军果然如吕蒙所料，经过被阻拦的山路时，弃马而逃，周瑜随即缴获了战马三百匹。于此，周瑜军威大振，扳回了江陵城下的一局。

在给夷陵城中配置好军队后，周瑜便率军返回江南，与甘宁东西对进，开始进入到江陵战役的第二阶段了。

这个时候，荆州之外的局势也在不断变化中。首先，孙权为了确保周瑜能顺利完成南郡的攻坚战，亲自领军十万北上进攻合肥，以此牵制在扬州战场的曹军主力。这样一来，曹仁周围的救援部队顿时只剩下文聘、乐进、满宠等人了。

说起孙权这次征伐合肥，就不得不提我们曾经交代过的一员大将——太史慈。《三国演义》中记载太史慈就是死在这场战争中的。演义里称太史慈的同乡戈定在当时的合肥城中，于是太史慈就与戈定里应外合，举火为号一举拿下合肥城。哪知道张辽和李典过于精明，直接就把戈定给拿下了，随后又将计就计，举火哄骗太史慈，太史慈的人马刚进城就遭到了张辽的一堆箭雨伺候，然后太史慈就被射成了刺猬，强撑着回到了营中。一回到营中，太史慈喊出那句名言："大丈夫生于世上，应当带着三尺长剑，以升于天子阶堂。如今所志未从，奈何却要死啊！"而后，一命呜呼。

当然，这是演义里的段子，历史上的太史慈除了临终遗言是真的，其他都是不存在的。因为早在赤壁之战爆发前两年，即公元206年，太史慈就因病亡故了，否则赤壁之战这样的大阵仗，他岂能不加入？太史慈自从被孙策调去江西地区抵御刘表后，就再也没有投入到主要战场中，而后在黯淡中走完了他人生的最后几年。也正因为如此，他才要喊出那句遗恨之言了。

那么这次攻打合肥之战，最后因为张昭掉链子而导致了孙权选择撤兵。当然，这是后话，此次合肥攻防战还是持续了一段时间，而趁着这段时间，周瑜可以轻松对付曹仁了。

此时刘备方面再次划拨关羽给周瑜指挥，周瑜知道曹仁周围的部队，一旦得知夷陵陷落必然要赶来救援。于是周瑜派遣关羽"绝北道"，阻断其他曹操部众对曹仁方面的救援，但毕竟关羽兵少，与满宠、乐进、文聘等人的交战中且战且走。曹魏诸将最能击败关羽，却被隔绝在了曹仁的救援圈以外。

放眼当下，目前曹仁所能倚仗的只有徐晃的部队了。这个时候，徐晃所部在和刘备激战，原来，就在周瑜攻下夷陵的同时，刘备也拿下了临沮和旌阳两个据点。这俩据点也在江陵的西北部，如果说周瑜抢先占领了夷陵等于拿下了通往益州的大门，那么刘备拿下这两个据点，等于是在大门旁又开了个狗洞。虽然一般人不会走，但危急时刻也是可以逃命的。事实证明，后来关羽败走麦城就是在临沮附近，只可惜被驻守在这的吴军擒获。

十、再战曹仁

刘备拿下这两个据点后，分别任命了临沮长杜普、旌阳长梁大。但是在徐晃强大的攻势面前，刘备这点人马想要守住这两个据点无异于是痴人说梦了。很快杜普、梁大都被徐晃所败，刘备自然失去了新得之地。

关羽、刘备频频失利，这让原本刚扳回一局的南郡战场又陷入僵持阶段。周瑜发现刘备、关羽这帮鸟人早年被曹操追着打不是没有原因的，这仗打得太让人纠结了。于是周瑜调整兵马，准备用主力部队再战江陵。这一次，夷陵城中的甘宁一道出兵夹击。

《三国志》记载，"宁围既解，乃渡屯北岸，克期大战。瑜亲跨马擽陈，会流矢中右胁，疮甚，便还。后仁闻瑜卧未起，勒兵就陈。瑜乃自兴，案行军营，激扬吏士，仁由是遂退。"

这段文字虽短，但也勾勒出了整个会战的激烈。周瑜作为主帅都亲自策马掠阵了，可见这场战争战事之焦灼。而且，偏偏很不巧的是，激战中周瑜被流矢射中右胸，这个箭伤在当时还感染化脓了，情况相当危急。

周瑜受伤，而且一躺好几天，这让曹仁觉得有机可乘，于是直接摆开阵势，准备对周瑜军发起攻击。但是周瑜却振作起来，装作没事一样处理军务，激励将士，故意让曹仁看到。然后曹仁见无机可乘，便果断撤军了。

曹仁这次撤退是直接撤出了江陵城还是只撤出了这次的军事行动，史书没说。但是经过一年多的围城打援，曹仁的军队消耗甚巨，作为防守方，如果发现自己这边减员比进攻方还厉害，那就说明已经没有固守的必要了。于是乎，到了建安十四年（公元209年）底，曹仁损失惨重，不得不弃城突围回到襄阳。孙权任命周瑜为南郡太守，治江陵。程普为江夏太守，治沙羡。

我们要注意一下，无论是周瑜的南郡还是程普的江夏，其实对比刘表时代的两郡都是不完整的，因为这两郡很尴尬地跨了长江南北，所以孙权所控制的只是江南部分，略带一点点江北部分。有人借此抨击周瑜指挥作战水平一般，因为花了一年多时间，拿下了两个残缺的州郡，这不是劳师无功吗？

但假如我们换个人物，换场战争来说，诸葛亮多次北伐，结果最后劳师无功，所以诸葛亮的北伐毫无意义，诸葛亮就是一个庸才，这结论可以吗？在绝对的优势面前，能够让走向失败的过程不那么理所应当，更有些波澜起伏，那本身就是一种成功。同样，在较大优势面前，你只要最终成功，无论过程有多坎坷，那也是值得称颂的。

在赤壁之战后，孙权、刘备相继在多个战场上发动对曹操的反扑，借机掠夺曹操的地盘。但是这些战役都以失败而告终，比如孙权在合肥失利后又在濡须战败，韩当率偏师去庐江郡会合当地陈兰、梅成的义军，又被臧霸挫败；刘备这失利就更多了，先是关羽在北面阻击曹军的救援，被打得辎重丢了，而后刘备刚刚拿下临沮和旌阳，又被徐晃夺回。综合来看，唯有周瑜的主战场获得了胜绩，对比之下才有衬托，和屡屡败绩相比，周瑜的胜利虽然来得艰辛，却难能可贵。

曹仁开溜后，曹操也没责怪他，而是将其封为安平亭侯。毕竟赤壁之战后，曹操一个荆州都丢了，曹仁花了一年丢个南郡，倒也不亏。

周瑜这边拿下南郡，刘备那边也不会干坐着，利用刘琦这个荆州刺史的身份，刘备旋即获得了荆州南部四郡。虽然这南部四郡土地贫瘠，人口稀少，但对于刘备这个常年漂泊的人来说，有这么一块地盘也算是不错了。刘备旋即任命诸葛亮驻扎长沙，赵云进驻桂阳，抢先牢牢控制住了其中两郡。

但是周瑜也不傻，周瑜让刘备驻守在长江南岸的油江口，与下面的四郡相隔。其实这样一来，就是让刘备的地盘处于失控状态。地盘一失控，叛乱就会随之发生，比如武陵太守金旋和桂阳太守赵范的谋反事件。

金旋虽然是武陵太守，但他却不是南方人，虽然他不是汉人，却也不是南方的少数民族。怪异的出身似乎注定了他要在汉末舞台上掀起一阵波澜。

十一、孙刘分地

金旋的祖上是匈奴人，即汉武帝时期金日磾后裔。金旋生有一子名叫金祎，他曾担任过黄门侍郎、汉阳太守，先后官拜议郎、中郎将等官职，最后成为荆州的武陵太守。赤壁之战后，刘琦成了名义上的荆州刺史，于是零陵、长沙、桂阳、武陵相继归附。但是归附毕竟是名义上的，不久金旋不知道怎么想的，又造反了。

金旋的造反很快就被镇压，但是谁镇压了金旋，史料没提，这就让人有些迷惑了。按理说应该是刘备镇压的，但是当时孙权又任命了黄盖为武陵太守，那么刘备会允许孙权突然插一杠子吗？所以有可能在这过程中，孙权势力已经渗透到了武陵，也才有了武陵太守黄盖。

这么一讲似乎大家又迷糊了，孙权怎么能在曹家控制了南郡的情况下绕过长沙和零陵控制武陵呢？其实这也说得通，周瑜军通过水师控制了整个荆州地区的水系，而后利用这四通八达的水系输送军队还不是轻而易举的事。

桂阳太守赵范的反叛说来有些无厘头，大致情形和《三国演义》里描绘的差不多。当时赵云驻守在桂阳，赵范为了和赵云搞好关系，经常请赵云来家里吃饭，两人还拜了把子。由于赵范的兄长走得早，有一个守寡的嫂嫂，于是赵范就想撮合赵云和他的寡嫂。然后赵云很义正词严地说道："你我既然结拜了，那便是磕头兄弟，你哥哥便是我哥哥，你嫂嫂便是我嫂嫂，我娶自己嫂嫂可不妥。"

赵云一再拒绝让底下的人看不下去了，觉得赵云你咋这么轴呢？送上门的女人不要？赵云却有自己的一套解释，他说："赵范被迫投降，我和他交往过程中发现他心思很深，保不齐要搞什么坏事呢。天下的好女人多得是，我干吗娶个寡妇呢？"赵云不仅实诚，而且还考虑周全。后来的事果然如赵云所料，赵范有异心，逃走了，最后不知所终。

这事情就有些迷惑了，既然赵范憋了一肚子坏水，何必既不造反，又不迫害赵云，反而是自己一个人弃城而走了，放着好好的太守不做，他傻吗？所以为了增强逻辑性，《三国演义》则特地安排了一幕赵范造反事件，最终被赵云平定。这样一来，罗贯中既塑造了赵云人格，又让剧情变得合理。

也许历史没那么完美，赵云或许就是嫌弃别人寡妇，而赵范可能觉得这个结拜兄弟挺没意思的，所以干脆自己走人了。

回过头来看，公元 209 年的荆州注定战事多多，南郡之战贯穿了整整一年，对于南部四郡，孙刘双方也在勾心斗角，虽然刘备方名义上拿下了四郡，但是孙权方又安插了黄盖搞事。在这一年，刘琦也病故了。刘琦的死让荆州地区又出现了微妙变化，既然刘表以前是荆州的领主，刘琦子承父业本也无可厚非，但现在刘琦死了，是否就该重新分割地盘了？

刘备很精明，不但兼并了刘琦的部众，还让荆南四郡公推自己为"荆州牧"，抢先拿下了冠名权，同时将江油口改名为公安，成为荆州新的治所。为了安抚孙权，刘备又上表"朝廷"封孙权为徐州牧，避免孙权来找自己要地。这么一来孙权很不爽：徐州在曹操手中，你让我当徐州牧是虎口夺食吗？！

紧接着，刘备又再次和周瑜这边进行了谈判，理由是刘琦已死，那么荆州就得重新划分，刘备以"地少不足安民"为由向周瑜要地。有些人会觉得，刘备是不是脑子有病啊，敢向周瑜要地？但是事实上，周瑜当下遇到了很多麻烦事。首先，如果不跟刘备合作，荆州的世家大族会依旧排外，那么孙权必须投入大量兵力来固守新征服之地。其次，周瑜要趁着曹操休养元气之时，火速将鲁肃版"隆中对"第二阶段完成，而这个第二阶段就是入蜀。假如周瑜和刘备这边再掐起来，曹操会不会卷土重来不说，那入蜀攻灭刘璋就将遥遥无期了。

所以周瑜需要刘备这样一个人存在，既作为自己的稳定后方，给自己攻灭刘璋提供保障；又需要他成为自己共抗曹操的前线盟友。于是周瑜与刘备火速划地分疆，周瑜将占据的部分武陵地区以及南郡长江以南都划给刘备。周瑜在荆州的势力范围则包括了长沙郡北部、江夏郡大部分以及南郡大部分。

十二、孙刘联姻

此时刘备在荆州的势力范围包括：南郡长江以南、长沙郡南部、武陵郡、零陵郡这四块。而南郡南部和武陵郡部分还都是从周瑜那边讨要来的，所以地位非常尴尬。但尽管如此，周瑜的地也不是白给的，孙权传达给了刘备这么一层意思：孙刘联姻，巩固同盟。

这段故事就是演义里我们熟知的周瑜策划利用孙尚香哄骗刘备，借机夺下荆州的桥段了。但真实的历史却并没这么复杂，首先，当时刘备压根没像演义里一样牢牢控制住荆州，有些地方还都是周瑜租借给他的。其次，联姻是孙权提出的，周瑜此时可有一堆军国大事要处理，哪有空来管刘备这档子破事呢。最后，这次所谓的孙刘联姻，压根没有演义里情情爱爱的铺垫，刘备没去江东和孙尚香举办轰轰烈烈的婚礼，而是简单地在荆州草草了事了。

关于孙尚香，历史上多少有些争议，奇就奇在她的年岁，孙尚香嫁与刘备是公元 209 年，当时年方十六。可是孙坚丧命是在公元 192 年，这么一看，年纪上明显有冲突了，所以有人推测，要么孙尚香年纪有误（可能性不大，古代二十多未出嫁的女性属于稀罕物了），要么就是孙尚香身份有误，她可能不是孙坚的亲女儿，而是族女。

但是不管孙尚香是不是族女，她倒确实继承了孙坚和孙策的基因，史载"侍婢百余人，皆执刀侍立。备每入，心常凛凛"。也就是说孙尚香联姻是带了兵来的，以至于闺房都安排了武士，如此一来，刘备的婚后生活可想而知了。

后来的事情基本与演义相同了，孙尚香仅仅在嫁给刘备两年后，即公元 211 年便劳燕分飞了。那一年刘备率军入蜀，此后孙尚香再也没见过刘备，因为在那之后不久，孙权就派人去接孙尚香，同时让孙尚香带上刘备四岁的儿子刘禅。也正因为有了这举动，才有了后面赵云"截江救阿斗"的事迹，但这样一来，孙刘联姻也就此告破。

对于刘备来说，对孙尚香的情分随着她的东去就断了，在蜀中称帝的刘备后来并未给孙尚香册封号，后继者刘禅同样也未遥尊孙尚香为皇太后，一位乱世中的女子就这样孤独地走完了一生。记得曾经看过的一本小说有这样一句话：有些人很早就死了，却很久很久后才埋进土里。也许，孙尚香的一生就在她21岁返回东吴时便结束了，后面的不过是埋进土里的时间。

也许正如后续进展的事端一样，对于这场联姻，无论是孙权还是刘备，抑或是周瑜，都不看好。所以借着刘备前往孙权驻地拜见的时候，周瑜对孙权说："像刘备这样的枭雄又有关羽、张飞这等猛将辅助，必然不是久居人下的人。所以我窃以为应当将刘备暂留吴地，然后宫室美女厚养着，再分隔开关羽与张飞，让其各守一方。并且，让我在后续的战役中驱使他们，这样才能确保我江东无忧。况且我今日已经割地资助他们了，再让他们聚于一起，必然会生事端的。"（刘备以枭雄之姿，而有关羽、张飞熊虎之将，必非久屈为人用者。愚谓大计宜徙备置吴，盛为筑宫室，多其美女玩好，以娱其耳目，分此二人，各置一方，使如瑜者得挟与攻战，大事可定也。今猥割土地以资业之，聚此三人，俱在疆场，恐蛟龙得云雨，终非池中物也。）

周瑜苦口婆心地劝孙权，却并没有得到应有的效果，这似乎也是历史上有史可考的唯一一件孙权没有听从周瑜意见的事。孙权给出的理由是：北方曹操势大，我不能破坏统一战线，否则将来别人怎么看我？这个理由也很值得推敲，既然此时孙权觉得曹操势大,那两年后刘备入蜀曹操势力就不大了?他将孙尚香召回就不算破坏统一战线了?

当然,也有说法是孙权对周瑜起了疑心。《江表传》中有这么一段:"刘备之自京还也,权乘飞云大船,与张昭、秦松、鲁肃等十余人共追送之,大宴会叙别。昭、肃等先出,权独与备留语,因言次,叹瑜曰:'公瑾文武筹略,万人之英,顾其器量广大,恐不久为人臣耳。'"

说的是除了周瑜要摆刘备一道,刘备也时时刻刻不忘摆周瑜一道,于是给孙权灌眼药水,构陷周瑜。当然,刘备这构陷有用还是没用,我们暂且不论,只需要注意一下,这孙刘联盟其实早在赤壁之战后,便彻底走向瓦解了。

十三、天府之国

当历史的车轮碾进公元210年时,东汉末年的局势再起波澜。如果将中国的历史从赤壁之战往后排三年,那公元208年最热点的事情是赤壁之战,短促却耀眼无比;公元209年最热点的事情则是南郡之战,冗长却又包含隐患;公元210年最热点的事情那必然是周瑜西征,备受瞩目却又无果而终。

周瑜的西征是与益州的变局息息相关的,所以为了了解这个变局，我们不得不将时间轴再拨回以前，看看益州这片地区在以往的岁月里究竟发生了什么？

此时益州的老大叫刘璋，这个人用一句话概括就是——善良努力的可怜人。他与刘琮不同，他的人生自从成为益州之主开始就很努力，但最终证明一切都是徒劳。刘璋的益州之主宝座来源于他的父亲刘焉。和刘备、刘表一样，刘焉也有个身份——汉室宗亲。但是相对于刘备和刘表来说，刘焉出道早且起步高。早在公元 188 年，也就是黄巾之乱爆发四年后，刘焉便已经做到了九卿之一的太常。

那个时候三国的其他风云人物如何呢？那年董卓还在受皇甫嵩节制，马腾、韩遂还在凉州给人打工，曹操则因为棒杀蹇图而被排挤到了乡下，孙坚则在湖南地区打当地土著，刘备依附于公孙瓒，刘表还没接替王睿成为荆州刺史，也就是袁绍、袁术兄弟混的稍微好一些，他们家里的大人，都是东汉的三公。

但恰恰就是这样一个在京城当大官的人，却比任何在野党更能看见东汉王朝的行将就木，他放弃了九卿的高位，反而选择请求朝廷外派他去地方上做刺史。刘焉首先看上的是交州，因为他觉得交州离京城最远，这样的地方避祸最安全。但是这个时候有一个叫董扶的人，他具有堪舆的天赋，说白了就是会看风水，他看出"益州有天子气"，于是赶忙撺掇刘焉来益州。

原本只想避祸的刘焉发现原来自己是有机会当皇帝的，于是赶忙上书皇帝，要求调任益州牧。其实谶纬之学哪那么容易看破，就算董大师算出一个汉室宗亲、姓刘，又是北方人能在益州称帝，那也未必就说的是刘焉啊。

且说刘焉调任益州牧的第二年，朝廷就出事了，汉灵帝驾崩，随后宫廷政变，何进被杀，董卓入京。董卓一进朝廷，天下也就大乱了，而那个时候，坐拥益州的刘焉成了东汉末年第一批有实力的军阀。

但是，刘焉同样需要面对当时很多军阀需要面对的问题——世家大族。没错，川蜀地区号称天府之国，在整个两汉时期又控制了整个朝廷的铸钱行业，所以富得流油。豪富之下必然存在一个个有实力的世家大族，这些世家大族还剿灭了当地黄巾之乱的分支——五斗米道教的叛乱。

川蜀地区的世家大族希望把刘焉塑造成后来荆州刘表一样的"吉祥物"领导人，因为有汉室宗亲与儒学大家的双重身份加持，至于其他政务、军务、民事就直接下放到地方。但抱着来做土皇帝心态的刘焉似乎不这么想，既然要做乱世中的军阀，手中没有枪杆子怎么行？

于是刚来的刘焉便开始整顿内部，首要目标就是和当地士族抢人口，抢财富，抢军队。这点我们看东面后来的孙策历程就知道，南下江东后一路打刘繇、王朗、华歆，毫不手软。刘表不敢杀士族，所以就拿那些南方的土著及少数民族出气。但是这些必然会有反扑的情况，比如曹操就被兖州士族张邈联合陈宫、吕布差点赶出了兖州，而孙策则是被许贡手下的家奴刺杀。

十四、枭雄刘焉

那么古往今来，一个外来户要征服一个地区，他会怎么操作呢？两种方法：第一种方法是，多用和自己一样的外来户做雇佣兵，用这类人可以借助他们与本地人的天然隔阂，有效地预防他们打成一片，同时，失去归属感的雇佣兵只能将希望寄托于雇主身上，这点譬如早先罗马人用高卢人治理北方与日耳曼人毗邻区；又如后世英国人用印度人统率英联邦的殖民地等。

第一种方法虽然也能控制新附地，但管理起来方式太过粗暴，那么这个时候就有另一种方式——发动群众斗群众。也就是在新附地里面拉拢一批人，管控另一批人，比如当年清兵入关后为了控制汉人就扶持汉八旗控制千万汉人。又譬如美利坚在20世纪初先后在菲律宾和古巴扶持傀儡政权。第二种属于钝刀杀人，虽然没有第一种管理起来迅速，却厚积薄发，从后期上看，扎实稳固许多。

　　而刘焉选择的是第一种，他依靠的是东州兵和雇佣兵。东州兵是流民，和刘焉一样属于因为战争动乱从关中地区或者说是北方地区逃难来的。我们今天看中国的地形，四川盆地与东面的湖南、湖北地区因为崇山峻岭阻隔，妨碍了人口大规模迁入迁出；但是四川盆地和北方的关中却仅有秦岭等相隔，相对隔绝度差很多，所以一旦有动乱，关中地区的人首先想到往蜀地跑。比如后世依靠流民建立的成汉政权，又比如后世唐朝玄宗、僖宗两位皇帝为躲避战乱而临幸蜀中。

　　所以在刘焉进入蜀中后，发现了和他同病相怜的流民——大家都是北方人，大家都和本地人不对眼。于是同病相怜演化成了同仇敌忾，流民中有钱的出钱，有力的出力，一下子竟然给刘焉鼓捣出数万人的部队，即东州兵。但是光靠这东州兵刘焉还觉得不够，于是他又把目光投向了雇佣兵身上。川蜀地区不缺的就是少数民族，既有靠近甘肃的羌人，也有靠近云贵的彝人。于是刘焉又宣布免除该地区部分少数民族的徭役，给予政策补贴，一下子又招揽了八千青羌兵和五千叟兵（彝族、白族等西南民族的混编兵）。

　　这样一来，刘焉的军队数量一下子飙升到了大致五万左右，已经足以应付蜀中本土豪强的反扑了。那么既然拿了少数民族和流民的选票，与土著民五五开，大家各自相安无事便好。可刘焉不这么想。

《三国志》记载"托他事杀州中豪强王咸、李权等十余人"；

《华阳国志》记载："枉诛大姓巴郡太守王咸李权等十余人"；

两本史书都记载了同一件事，即刘焉扩军之后，一下子大开杀戒，一声令下杀了州中豪强李权、王咸等十多人。杀完之后顺带抄了他们的家，财富、兵员全部补充进自己的东州兵中。大家这下子惊呆了，本以为迎来个福娃，结果是灭霸，一个响指就是灭一半人啊。李权是临邛县长，王咸是巴郡太守，其他人也大多是郡县高官，都有权有势有名望，随便杀一个都需要斟酌和掂量，可刘焉却一次性无差别式杀害，这不是丧心病狂是什么？孙策下江东好歹还知道王朗、华歆杀不得呢。

本来蜀中土著就对刘焉任用外来移民和外族人抢自己饭碗不满，两家相安无事还好，结果你刘焉居然纵容他们打砸抢烧。刘焉这么胡搞乱搞很快引发了邻居的注意，此时董卓为了躲避关东联军的锋芒，强迫皇帝迁都长安，进入到关中地区后的董卓急于拓宽生存空间，而与关中毗邻的川蜀地区就成了首要目标。

刘焉在蜀中屠戮本地人的消息传到了董卓那，董卓觉得这是个入侵益州的机会，于是董卓以刘焉妄杀郡县官吏为由，派了朝中重臣司徒赵谦带兵前去讨伐。由于董卓当时还把控着皇帝，所以还是可以以朝廷的名义下达文件的，益州本土豪强本就缺少个反抗刘焉的理由，董卓的介入恰恰就给他们提供了这样一个理由。益州豪强任岐与贾龙听说后，便立刻带头，干脆反了刘焉。这任岐、贾龙与王咸等十多人一样，也都是郡县高官，任岐官居犍为太守，贾龙则是握有兵权的校尉，是当初平定益州黄巾之乱，并将刘焉迎入绵竹的大功臣。

这俩人的起兵很快就让刘焉统治区产生了连锁反应，诸多州县响应，叛军一路攻到成都城下，并纵火劫掠。刘焉的东州兵死扛了月余，终于等到了外围的青羌兵赶来救援，才得以杀出一条血路。这次叛乱最终以任岐、贾龙双双被杀为终结。

这次的叛乱没有让刘焉反思自己是否过于迫害本地人了，反而让其逆向思维，觉得本地人还需要更进一步管控。

第
五
章

折戟况沙，出师未捷身先死

一、枭雄丧子

刘焉觉得，光靠移民和少数民族还是无法压制住土著的反抗，于是他又想到了另一个方法——宗教。当时黄巾之乱虽然已经被平定，但还有些人陆续打着黄巾的旗号闹事，而在益州北面的汉中地区，就有一个黄巾太平道教的分支——五斗米教。

五斗米教有个圣姑，听说是人过中年，保养得当，风韵犹存，很有魅力。刘焉虽然一把年纪了，但听说了这个圣姑的芳名还是爆发了身上仅存的荷尔蒙，竟然一来二去将圣姑纳入了自己的后宫之中。这个圣姑和前夫有个儿子，叫张鲁，这个我们往后再说。

刘焉既然和圣姑联合了，那么益州地区推行五斗米教的教化就顺理成章了，宗教、少数民族、移民，这三驾马车开始让刘焉这个土皇帝当得有那么点味道了。到了公元191年，刘焉开始将自己的土皇帝人生进行升华，他不仅造了一千多辆豪华的皇帝出行专用舆车，配天子仪仗，丝毫不掩饰自己僭越的野心，甚至还暗中联络刘表，表达了自己想要称帝的意图。惹得刘表只得上书朝廷说刘焉"有似子夏在西河疑圣人之论"，暗示刘焉有称帝之心。

　　这个时候，刘焉又听说自己部下吴懿的妹妹被相士相面说有母仪天下之相，刘焉连忙派人将其娶来做自己儿媳。说到这，有必要介绍下刘焉的家庭人员了。其实我们后面说的刘璋早先在刘焉诸位儿子中并不起眼，只是刘焉的第四个儿子，当时在董卓掌控的朝廷里任奉车都尉。与此同时，刘璋的大哥刘范任左中郎将，二哥刘诞任治书御史，且都在朝中。而留在刘焉身边的就只剩下老三刘瑁了，所以娶吴懿妹妹的自然就是老三了。

　　按理说刘焉打完了董卓的朝廷军，且又利用东州兵和雇佣兵镇压了蜀地本土人的叛乱，此时风头正盛，根本无须顾及朝廷的态度。但也许是刘焉老了，对于三个被羁押在董卓那的儿子格外在意，重金厚礼希望董卓能遣送回自己的孩子。

　　也许是为了安抚刘焉，也许是董卓自知前方无路，索性也就将刘焉的小儿子刘璋派回给了他。刘焉接受了董卓对自己的示好，但是似乎并不想做出啥反应，又或许来不及让他做出啥反应，不久董卓就死了。

　　董卓一死，关中大乱，整个区域内刀兵不断，这样的变故让刘焉还在京中的俩儿子嗅到了逃跑的味道。由于马腾、韩遂想要趁着董卓之死，夺取京中大权，刘范兄弟二人便决心与之里应外合，献了长安城。同时，为确保计划的万无一失，刘范还派人与老爹刘焉接洽，一同举兵。

但《华阳国志》记载，在事情紧锣密鼓的准备期间，刘焉的治中从事，同时也是益州豪强的王商劝刘焉不要这么做，刘焉当然不听，这件事关乎他两个儿子的前途和性命，怎么可能听凭下人意见？似乎也从这点看出，刘焉对于益州本土人士，无论是归附自己还是未归附自己的，都是保存着最原始的戒心。

但是这样的事情注定拖得越长越容易暴露，而刘范这边也确实出事了。马腾、韩遂的兵马还未能汇集到刘焉部队就被李傕击败，残部逃亡凉州。京中里应外合的刘范兄弟自然也成了刀下亡魂了。而刘焉那边，虽然也派了五千叟兵前来助阵，但是队友都败了，这五千兵力哪里还禁得起李傕、郭汜这虎狼之师围殴？几乎是全军覆没地败回川中。

这一场战乱，几乎是改变了整个关中、凉州、益州三地的走向。首先是凉州，马腾、韩遂这次攻打长安失败后开始互相猜忌，内讧不止，以后再也没能有剑指长安，争夺天下主的气势。直到后来这片土地上出现了一个令羌人丧胆的神威天将军马超，才让没落的凉州重新迸发出一丝强悍的张力。

而汉献帝因为这次事件失败，使自己本可以借着董卓之死而重新尝试获取权力的愿景破产。在那之后，李、郭二人气焰日渐嚣张，最终汉献帝出逃洛阳，反倒落入曹操手中。

当然，这场事变最大的输家还要数刘焉。自己尽管已经将益州往地方性国家的道路上推进了一半，可是自己那位有胆有谋的长子刘范暴死，后继者又能否扛起担子呢？

二、益州新主

诡异的是，刘焉丧子后不久，一场飞来横祸又爆发了。当时刘焉为了追求排场，曾按照皇帝规格打造了一千辆专用仪仗车，可不知怎的一场"天火"爆发，将刘焉的一千辆车驾全部焚毁，顺带还波及了部分民居。

这件事迫使刘焉不得不将自己的班底从绵竹搬回了成都。因为早先由于刘焉整治益州本地人太狠了，所以他很识相地不敢在益州治所成都办公，于是象后世开霸府一样，临时找了个战略基地处理各种事务。

但大火烧光了这一切，无奈之下的刘焉只得回了成都，可是回成都后的他身体也开始出问题了，史书说他是痈疽发背，这种一般是急火攻心才会染病的。刘焉确实忧虑，儿子突然死了，五千叟兵全军覆没，损失了近四分之一的亲军，而一场大火也焚毁了他的车驾及那个遥不可及的帝王梦。寄居在成都城中的刘焉无时无刻不想到当初死在自己手中的成千上万的益州本土人，如果他们一旦想报复，那……

在焦虑和愤恨中，刘焉的生命终结在了公元 194 年。这一年陶谦也死了，刘备成了新的徐州之主，而搅动整个江东的小霸王孙策还在袁术处蛰伏，时代酝酿着新的变化。刘焉的死让曾经吃过他亏的李傕和郭祀看出了机会，于是他们以朝廷的名义派了一个叫扈瑁的颍川人来当益州刺史了。

按理说刘焉经营蜀地这么久，对于一个朝廷外派的刺史，益州集体应该采取不承认、不配合、不结交的政策啊？可是却并没有，首先绝大部分益州本地人因为苦于刘焉迫害，早就想等一个朝廷大员来搞好关系了，而益州的张鲁则想趁着这次刘焉病逝，摆脱益州的控制，于是他也大力支持。看来，我们的张天师对于这位有实无名的继父存在着满满的怨念啊。

而刘焉底下的东州兵和青羌兵这类亲军则是想拥立刘焉死前内定的继承人——三子刘璋。可是这些兵仔没什么能拿得出手的政治大员给他们操盘，所以他们很难把刘璋拱上去。这样一来局面就很微妙了，扈瑁有选票却没有军队，而刘璋有军队却没有选票，两位"瑁"先生剑拔弩张，眼见一场内战即将打响。

但是这个时候，益州豪强的首脑人物，如赵韪、王商等人似乎又有了特殊的想法。的确，他们确实是益州本地人，与东州兵等侨民有着无法调和的矛盾，但同时他们又是体制里的人，那么这一层体制身份让他们觉得，体制利益高于人民意愿。广大的益州人确实被刘焉和外来人盘剥，但自己现在是刘焉驭下的高官，盘剥也不至于盘剥到自己头上啊。

而那个扈瑁作为一个外来户，不知道他主政益州后又是怎样一个德行，自己会不会因为"一朝天子一朝臣"而损失掉既得利益？但是王商他们也不能容忍东州人继续势大，万一以后他们继续怂恿刘瑁镇压益州本地人，也会将自己挤压出体制内的。

所以赵、王二人想了一个折中方案，另外立刘焉的第四子刘璋为主，理由是刘璋温和需弱，比较好控制，于是他俩抢先拥立了刘璋作为益州牧。

这一幕非常神似千年以后清朝入关前的那次君位之争，皇太极突然离世，两黄旗拥立皇太极长子豪格，而两白旗则拥护皇太极的弟弟多尔衮，最终也是选择了拥立皇太极的九皇子福临登基才避免了八旗内战。

这边赵、王二人的突然发难，打了各方一个措手不及，首先，东州集团里面的庞羲、吴懿支持刘瑁的举措被打乱，但刘璋也是刘焉的儿子，东州集团也不好明着说不行。可是益州本地人心里的一股邪火就没法发了。

于是各地叛乱开始暴发，比如我们之前说到甘宁，就说他因为一次参与到反对刘璋的叛乱中失败而被缉拿。这个时候，雄心勃勃的邻居刘表也是见缝插针，开始一顿猛操作，他派自己的别驾刘阖带兵进入巴郡和当地叛军合流搞事。刘表在这一时期可以说是各条战线收获颇丰，东线趁着孙策打刘繇介入扬州事务，北面接纳张绣介入中原事务，西线又趁着蜀中内乱介入到益州事务，但也因为对于军队掌控力低下，刘表最终还是无法扩大战果。

三、刘璋的苦

刘表想拿下巴东地区，将益州三分之一的疆土吞下，这让无论是东州集团还是益州土著都无法忍受。在这种情况下，赵韪只得离开成都，亲自领兵前往巴郡平叛，打败了甘宁，甘宁被迫逃入荆州，投靠在江夏太守黄祖手下，最后又投靠孙权，成为了东吴一大虎臣。

赵韪成功弭平叛乱让他的虚荣心开始膨胀，他觉得既然自己拯救了益州，那么益州完全可以由自己主宰，什么益州牧、益州刺史，这都该扔进垃圾桶。但也许所有人都看错刘璋了，其实那个表面软弱的小朋友却远比当时诸多官二代更为冷静，更为努力，更为敏锐。刘璋知道赵韪回来意味着什么，那就要做到让他回不来，于是，一道诏令从刘璋这发出。刘璋命赵韪为征东中郎将，让他驻扎在荆州与益州的边境巴东郡朐忍县（今重庆云阳），与刘表对抗。

自荆州刘表介入益州乱局后，东线局势便开始紧张，让赵韪带兵驻扎在那，于情于理都是无法抗拒的。赵韪自己也有这方面顾虑，万一自己这边兵一撤，刘表又来了咋办，反正那个刘璋看着这么软弱，就先让他领教下东州集团和汉中张鲁的高招吧。

就在赵韪坐等看戏的同时，刘璋真的动手了，这次他瞄准了张鲁。张鲁不是一直想独立吗？所以刘璋送了他一个独立借口，刘璋下令，将张鲁留在成都的家眷——他老爹的姘头张鲁的妈以及那些不清楚是张鲁的弟弟还是自己的弟弟全部拿了下狱，而后又统统杀掉。

张鲁是想独立，哪知道刘璋是真狠，给自己独立的同时做了这么一件棘手的事，于是带着人马扯旗造反了。那既然张鲁造反了，所以必须得派人去镇压了，这么一来东州兵有了用武之地了，刘璋于是把庞羲调去防备张鲁，担任巴西太守。

如此一来，整个益州地区原本该像火药桶一样爆炸的情况，竟然演变为故障飞机安全着陆。在隔离老派实权人物的同时，刘璋也开始暗自培养自己的力量，首先他提拔严颜为巴郡太守，这样一来，刘璋等于是先有了自己的人马。严颜这个人身份特殊，他既是益州本地人，又是行伍出身，这其实在当时东州集团和益州土著之间都是另类（东州多掌兵，益州土著掌政），但刘璋却发现了他这一层另类身份，果断提拔，最终成为东州集团和益州土著都能接受的新星。

有了严颜作为枪杆子，刘璋又提拔了大量益州年轻士族和寒门子弟为官，以安抚益州派。其中最主要的一支就是蜀郡张氏家族，包括张肃、张松兄弟，以及忠心耿耿的寒门名将张任。

这个时候，刘璋的安排出现了可喜的变化，首先是东州集团的庞羲，原本庞羲觉得张鲁不过是依靠宗教给人洗脑的投机者，可没想到自己一出兵居然屡败于张鲁之手。眼看自己带出来的人马越打越少，而所处地方又是益州豪强的地盘，调东州兵似乎困难较大，于是庞羲便想到了在当地征调少数民族入伍，以补充兵源不足。可谁想到当时的汉昌县长程畿拒不奉命。这位程县长出生于巴西阆中（后来张飞驻扎的地方），他怎么可能容忍一个东州集团大佬在自己辖区征召少数民族呢？之前刘焉就是利用少数民族镇压益州本地人，现在庞司令有样学样，莫非忘了"强龙不压地头蛇"的道理？

庞羲和程畿闹矛盾，可谁知刘璋居然站在了程畿这一边，对违抗东州派大佬庞羲调令的程畿予以了最大的支持，竟然将他连提数级，成为江阳太守。刘璋的这顿操作让庞羲有些后怕，前线自己屡战屡败，威望丢失，后面刘璋似乎也开始不再信任自己了，于是赶忙认错。

庞羲将自己女儿与刘璋长子刘循定了婚约，以此拉近自己与刘璋的关系，同时又赶忙向刘璋谢罪，大致表忠心、立承诺一类，最终算是把刘璋的疙瘩解开了。借着敲打庞羲，刘璋完成了东州集团的归心。至此，东州集团算是在刘璋的掌控下缓和了不少，不再和益州集团死掐了，但事实证明，留给刘璋的时间也不多了。东汉大才子王粲在归附刘表后，写了一本舆论导向性的书，叫《汉末英雄记》，里面将当时有名有姓的大小军阀都点评了一通。当然，既然是舆论导向性的书，那就自然会有渲染性，比如避开刘表集团的诸多人物的评价，对吕布大吹特吹，对刘备反倒是言辞稀少。

四、周瑜之死

而作为与荆州毗邻的益州，王粲更是将其描绘为一个君主暗弱、权臣跋扈的乱象，比如，书里对刘璋的评价为："性宽柔，无威略，东州人侵暴旧民，璋不能禁，政令多阙，益州颇怨。"搞得他好像就是一个无能之主一样，而对于庞羲的评价则是："庞羲与璋有旧，又免璋诸子于难，故璋厚德羲，以羲为巴西太守，遂专权势。"搞得庞羲就是个嚣张跋扈的权臣，和曹操一样，但如果我们结合庞羲像刘璋服软事件来看，庞羲似乎也没那么嚣张啊。

庞羲服软了，可赵韪似乎并没有学乖，他觉得刘璋这摆平一个个大佬之后，势必会对自己动手，那自己干脆先下手为强，西进杀回成都。可是，刘表就在东面，自己也不是说想回就能回的，于是，赵韪花重金与荆州求和，然后以刘璋纵容东州兵欺压百姓为名，联合益州大姓豪强，大举围攻成都。

"流光容易把人抛，红了樱桃，绿了芭蕉"，对于赵韪来说，时间真的是和他开了一个莫大的玩笑，他并不会知道，此时的刘璋已非数年前的刘璋了，掌控了东州兵的刘璋已经不亚于他的父亲了。面对赵韪的大军压境，东州兵同仇敌忾经过一番殊死奋战，终于打败了不可一世的赵韪，赵韪逃到江州，最后被部将所杀。

经过这次大战，刘璋终于坐稳了他父亲留给他的益州牧宝座，但也付出了惨重的代价，汉中地区脱离自己独立了，东州集团和益州土著的兵马也因为内战损耗颇大。这一年是建安六年，也就是公元201年，北方二雄——曹操与袁绍已经决出了胜负。作为官渡之战的最后胜利者，曹操显然可以随着自己的心意来规划山河了，于是一个名叫牛亶的五官中郎将成为许昌政府重新外派来的益州刺史，只不过，已经具备足够威信的刘璋轻而易举地赶走了他。

就这样，当时间轴又往后拨了九年，到了公元210年的时候，当时中国残存的几大军阀势力又不约而同地将目光聚焦到了益州，宛如当年的赤壁。这个时候，周瑜已经在南郡站稳了脚跟，而益州地区张鲁在与韩遂、马超搞好关系后，开始发动了对刘璋的反攻，刘璋自知自己实力已经大不如前，便开始找外援。

其实这两年刘璋没少拜兄弟，早年虽然驱逐了曹操委任的益州刺史，但是当曹操彻底统一北方后，刘璋就派人去和曹操接洽了，这个人叫张松。显然张松和曹操不对付，所以出使曹操后，张松回来就劝刘璋赶紧和曹操断绝关系，并且他对刘璋说："刘豫州（刘备）与您为宗室兄弟，可以与他结交联盟。"

刘璋想想是这个道理啊，恰好这时候前线支援曹操的部队反而投靠了周瑜，这更加促进了刘璋立场的转变，于是刘璋立刻派法正前往与刘备结盟，为了表示诚意，刘璋还派法正和孟达领了几千人去帮刘备抗曹。就这样，刘璋莫名其妙地从挺曹转变为了抗曹。

但也许刘璋不会想到，即使自己及时调整外交策略，也免不了被其他人所环视。刘备虽然和周瑜是同盟，但双方都盯上了益州这块肥肉，尤其是当刘璋向刘备示好后，周瑜开始重新审视孙家和刘备的关系。

为了能够赶在刘备之前顺利拿下益州，建安十五年（公元

210 年），周瑜书信孙权请求经南郡西征益州，此时凉州马超起兵反曹，曹魏主力调到了长安地区，孙权也觉得西征时机已到，便批准了周瑜的方案。周瑜返回驻地江陵，行至巴丘（今湖南岳阳），突然病卒，年仅三十六岁。

周瑜的突然离世让各方都有些错愕，孙权听闻后第一时间嚎啕大哭，声称："周公瑾有王佐之才，可是却如此短命夭折，孤家以后又能依靠谁呢？"于是孙权亲自穿上丧服为周瑜举哀，感动左右。周瑜的灵柩运回吴郡时，孙权到芜湖亲迎，各项丧葬费用，全由孙权承担。

一代将才突然之间殒命，这让后世的人对其死亡加入了诸多揣测，有人认为是一年前征讨南郡时的箭伤所致；也有人持"阴谋论"，觉得是孙权、刘备合力弄死了周瑜；更有人觉得，此时周瑜、鲁肃战略方案出现分歧，鲁肃成了害死周瑜的元凶。

五、未尽之事

在此，我们不妨抛开所有关于周瑜死因的猜测，转而去着眼下周瑜死前的那封遗书吧。

"修短命矣，诚不足惜；但恨微志未展，不复奉教命耳。方今曹公在北，疆场未静；刘备寄寓，有似养虎。天下之事，未知终始，此朝士盱食之秋，至尊垂虑之日也。鲁肃忠烈，临事不苟，可以代瑜。人之将死，其言也善，傥或可采，瑜死不朽矣！"

这份书信先是声称自己命不久矣，但同时又说自己还有满腹遗志要交代。周瑜对当下局势做了剖析，首先北方的曹操虽然统一了整个北中国地区，但是还是会有兵戈的（借以指代此时的马超反曹），而南方的刘备虽然寄人篱下，却包藏祸心；未来这天下之事难以预料。其次，告诫孙权，现在的大环境还很恶劣，并非赤壁之战打完江东就可高枕无忧。最后，周瑜又推荐了和他同样出身江右的鲁肃接替自己，并声称如果我所说的话可采用，则我周瑜死亦不朽。

这封信中涵盖信息量较大，也因此让后人诸多揣测，进而联想到周瑜死因。但在这里，我们还是将目光聚集到周瑜死后的汉末经历了什么吧。

周瑜病逝的当年，相继发生了两件大事，这两件大事且都和孙权集团有关。首先，鲁肃接替周瑜后，改武力"伐蜀"计划为"借荆州"计划，与刘备一同经营荆州地区。其次，孙权趁着交州地区一把手空虚之际，派步骘前往交州接任交州刺史这一职位。

这两件事相继发生似乎能从侧面看出，终止周瑜相对冒险的

"伐蜀"计划后，孙权开始推进了稳扎稳打的策略。首先"借荆州"让孙权稳固了在荆州地区的势力，这为后来孙权在这块地区成功挤走关羽，并构筑西线防线打好了基础。其次，拓展势力到交州也堵死了刘备对于刘表安插在交州地区势力的继承。

刘表早先在交州地区下了两手，第一手是交州刺史赖恭，第二手则是苍梧太守吴巨。可偏偏不巧的是，赖恭和吴巨不对付，结果吴巨赶走了赖恭，造成交州失控。曹操趁机又下了一手，扶持地方实力派士燮代管交州。

赤壁之战后，曹操失势，孙刘之间在荆州划分的同时也不忘对交州下注。刘备很会做人，赖恭和吴巨不对付，但是赖恭和吴巨却都对刘备推心置腹。拿下荆南四郡的刘备先是接纳了赖恭，而后又和吴巨展开来往，希望依靠荆南四郡与苍梧郡紧挨着的便利，向交州地区输送部队，一举拿下交州。

显然，刘备的举动逃不脱孙权的眼睛。此时，因为曹操败退回北方，实权派士燮清楚地认识到，这南方未来不是刘备的天下，就是孙权的天下。改换门庭成了士燮当下迫在眉睫需要考虑的事情，毕竟交州的情况和荆州、益州、扬州都不同，实力低下且士燮还无法全部掌控；既然吴巨选择了倒向刘备，士燮只得向孙权靠拢了。

士燮递来了橄榄枝，孙权立刻做出表态，步骘领命做了交州刺史，当然，士燮依旧在该地区享有极大权力。

我们退一步来说，假如周瑜未死，那么孙权集团会极力攻打益州，这样一来，刘备则会借机吞下交州。倘若战事顺利，那么孙权确实可以拿下益州，将刘备锁死在南方；可一旦战事焦灼，孙权集团在荆州地区需要独自承担曹操的压力，又要防备荆州南部已经拿下整个交州的刘备，这样一来，生存压力会激增。

事实上，后来刘备入蜀也是前前后后打了三年，倘若周瑜入蜀攻势不顺利，对孙权集团造成的压力也是巨大的。所以因为"伐蜀"计划的停止，吴国反倒可以腾出手来好好处理自己眼下的问题。

但回过头来，因为周瑜的死，很多东西都是未可知的，也许周瑜确实有化腐朽为神奇的能力，否则也无法解释为何在兵力对等的情况下，刘备会裹挟着跑，而周瑜却能破曹。如果周瑜真能迅速拿下益州，想必也有足够能力压得住刘备。

六、身后之事

但一切终究是假设，周瑜死后的第一年，益州局势大动荡。首先，原本与周瑜一同约定夹击益州的马超在与曹操争锋中失败，最终委身于张鲁。

张鲁原本在对刘璋的作战中就呈现势均力敌的态势，如今得了马超，更是兵锋大盛，开始南下挤压刘璋的生存空间。刘璋不敌张鲁，只能求助外援，周瑜死后，刘璋能想到的第一外援便是刘备，刘备入川自此而始。

到了公元213年，刘备在蜀中苦战方休，孙权则在濡须口与曹操再次爆发战争，名垂后世的那句"生子当如孙仲谋；刘景升儿子若豚犬耳！"便自此而出。

孙权与曹操的胶着战事似乎自赤壁之战后一直处于下风状态，濡须口一战才重新找回周公瑾时代的感觉。而在此期间，苍梧太守吴巨阴谋叛乱也被孙权正法，交州地区在归附孙权集团的道路上又进了一步。

公元221年，曹丕称帝，中国的历史正式进入了三国时期。然而，这些已经距离周瑜去世十年了。在这十年的过程中，鲁肃、关羽、吕蒙、刘璋相继辞世，那些在赤壁之战中留下浓墨重彩一笔的英雄似乎都将生命定格在了汉末。

但历史却从未因此而被分割，一定意义上来说，三国不过是汉末军阀割据的延续，在这个不到五十年的历史时期中，许多东西被打破，许多东西又被重新塑造。士族还是士族，军阀还是军阀，三国还是三国……

如果说董卓之乱后历史进程有多种可能，那么，赤壁之战后，历史就只有一种可能。周瑜是第一个不相信这一种可能的，他拼尽一生不过是沦为历史的注脚，而姜维是最后一个不相信这一种可能的，他的一生，同样成了悲剧。

最后来交代一下周瑜的家庭情况吧。周瑜生了两子一女，长子周循娶了孙权的女儿孙鲁班。孙鲁班在吴国建立后掀起了一阵宫廷之内的血雨腥风，还间接导致孙权的两个儿子的厄运，孙和失去了太子之位，孙霸被赐死，可孙鲁班却仗着孙权宠爱置身事外。周循本人据说有周瑜的风范，但也英年早逝，不知道后来孙鲁班近乎疯狂的举措，是否与早年婚姻家庭破裂有关。

周瑜的次子周胤似乎相较兄长命要好一些，但也仅仅是好一些而已。早年周胤被拜为兴业都尉，并娶了孙家宗室女为妻。后来接管了周瑜数千部曲，驻军公安。但是这样的安稳日子并没有持续多久。黄龙元年（公元 229 年），周胤被孙权封为都乡侯，但是没多久却因罪被流放到了庐陵郡。

赤乌二年（公元 239 年），吴国老臣诸葛瑾、步骘联名上书为周胤喊冤，希望孙权从轻发落，他们称："故将军周瑜子胤，昔蒙粉饰，受封为将，不能养之以福，思立功效，至纵情欲，招速罪辟。臣窃以瑜昔见宠任，入作心膂，出为爪牙，衔命出征，身当矢石，尽节用命，视死如归，故能摧曹操於乌林，走曹仁於郢都，扬国威德，华夏是震，蠢尔蛮荆，莫不宾服，虽周之方叔，汉之信、布，诚无以尚也。夫折冲扞难之臣，自古帝王莫不贵重，故汉高帝封爵之誓曰'使黄河如带，太山如砺，国以永存，爰及苗裔'；申以丹书，重以盟诅，藏于宗庙，传于无穷，欲使功臣之后，世世相踵，非徒子孙，乃关苗裔，报德明功，勤勤恳恳，如此之至，欲以劝戒后人，用命之臣，死而无悔也。况於瑜身没未久，而其子胤降为匹夫，益可悼伤。窃惟陛下钦明稽古，隆于兴继，为胤归诉，乞丐余罪，还兵复爵，使失旦之鸡，复得一鸣，抱罪之臣，展其后效。"

老臣们一个劲儿地历数周瑜当年的功绩，又以古代圣贤君主恩泽有名望的人的后裔为例，希望孙权顾念旧情，饶恕周胤。但此时似乎孙权已经对于周瑜的态度有了明显变化，说了一段意味深长的话："腹心旧勋，与孤协事，公瑾有之，诚所不忘。昔胤年少，初无功劳，横受精兵，爵以侯将，盖念公瑾以及于胤也。而胤恃此，酗淫自恣，前后告喻，曾无悛改。孤于公瑾，义犹二君，乐胤成就，岂有已哉？迫胤罪恶，未宜便还，且欲苦之，使自知耳。今二君勤勤援引汉高河山之誓，孤用恶然。虽德非其畴，犹欲庶几，事亦如尔，故未顺旨。以公瑾之子，而二君在中间，苟使能改，亦何患乎！"

大致意思是，周瑜是有功的，但我也回报了他，君臣恩情一报还一报，无所谓念旧情。并且，朕也是念旧情的，但治罪周胤不是故意迫害他，而是锤炼他，现在不赦免他只是他苦还没吃够，早晚他吃够了，会放了他的。

对于孙权刚称帝那年说的那句"孤非周公瑾，不帝也！"此时恍若两人。诸葛瑾、步骘没劝住孙权，紧接着朱然和全琮相继劝说，朱然是当年老臣朱治的后代，朱治于孙策、孙权来说可比肩父亲，而全琮则是孙权女婿，孙鲁班的第二任丈夫，他们的话语似乎终于打动了孙权。

然而，就在孙权下诏赦免周胤之际，周胤又突然死掉了。而后周瑜的侄子周峻功芳卓著，因功封为偏将军，死后全琮上奏要周峻的儿子周护承袭周峻部曲，却被孙权又一番意味深长的话给回绝了："昔走曹操，拓有荆州，皆是公瑾，常不忘之。初闻峻亡，仍欲用护，闻护性行危险，用之适为作祸，故便止之。孤念公瑾，岂有已乎？"

言外之意同样是肯定了周瑜的恩泽，但是孙权却并没有想用这恩泽惠及周瑜家族后人。而此外，周瑜唯一的女儿，嫁给了孙权早殇的太子孙登，最终命运亦是凄惨。似乎在周瑜去世后的若干年，孙权在逐渐消除其身后的影响。

然而，担当生前事，何计身后评，周瑜对于后世的影响，又岂会被孙权一夕之间消除……

第六章

盖棺定论，千载谁识周公瑾

一、史家之言

我们已经了解周瑜的一生以及他所展现的历史舞台，那么，不妨回过头来，看看周瑜之后，历朝历代是如何评价他的吧。

既然要评价历史人物，我们自然要先从史家评价入手，不过，有人则觉得需要从当时一些人物的风评入手，对此我不置可否。因为当时人物如何评价周瑜，我其实已经在前文断断续续提到过了。曹操也好，刘备也罢，孙策如何，孙权又如何，他们对于周瑜的那一两句话或多或少带有些主观色彩，放眼在中华长达五千年的历史中不过尔尔。

且作为和周瑜有交集的人，因其立场不同，也势必会带有一丝褒扬或偏见，所以这边干脆撇开他们的评价，从后世史家中摘录一二。以下五人分别对周瑜有如斯评价：

陈寿：曹公乘汉相之资，挟天子而扫群桀，新荡荆城，仗威东夏，于时议者莫不疑贰。周瑜、鲁肃建独断之明，出众人之表，实奇才也。瑜少精意于音乐。

袁宏：公瑾卓尔，逸志不群。总角料主，则素契于伯符；晚节曜奇，则参分于赤壁。惜其龄促，志未可量。公瑾英达，朗心

189

独见。披草求君，定交一面。桓桓魏武，外托霸迹。志掩衡霍，恃战忘敌。卓卓若人，曜奇赤壁。三光参分，宇宙暂隔。

萧常：周瑜从攻横江当利及东渡击林陵，则知在江北。或曰：此功为大，每以语简而忽之，遂令乌林之役独传。瑜、肃建拒操之议，孙权违众用之，卒成大功。然瑜昧于远图，不能乘胜佐昭烈以定中原，乃欲越荆取蜀，而吕蒙又复袭关羽以取荆州，使曹氏为不讨之贼，可与言知哉？

胡三省：此数语所谓相时而动也。然瑜之言不悖大义，鲁肃、吕蒙辈不及也。

吕思勉：周瑜、鲁肃，亦皆可谓为好乱之士也。徒以二三剽轻之徒，同怀行险徼幸之计，遂肇六十年分裂之祸，岂不哀哉。

这五人中，陈寿是《三国志》作者，袁宏为东晋史学家，萧常和胡三省都是南宋史学家，而最后的吕思勉则是近代大师。在陈寿眼中，周瑜和鲁肃都是当时敢于与挟天子以令诸侯的曹操一较高下的雄杰，是不可多得的奇才，同时，陈寿还特地肯定了周瑜在音乐上的成就。

袁宏与胡三省的评价大致与陈寿等同，都认为周瑜是时代的奇才，但胡三省则对周瑜和鲁肃进行了比较，觉得鲁肃才干还在周瑜之下。萧常和吕思勉的观点就有些清奇了，萧常认为当年周瑜配合孙策南下江东，这次战役才是其闪光点，而不是被后人津津乐道的赤壁之战。周瑜未能配合刘备北伐中原，而想着西征蜀地拓宽疆土，这其实是埋下祸根的。最终孙刘两家相互内耗，以至于吕蒙偷袭荆州，让本可以联手攻灭曹操的大好机会白白丧失。

而吕思勉的想法则如同我开头所提到的那样，他觉得周瑜和鲁肃这类人的存在就是对于大一统政权的破坏，这种好乱之士往往会让国家处于分裂之中。

那么，何以萧常和吕思勉都对周瑜提出了相对怪异的观点呢？这其实是受到政治因素的影响，萧常所处的时代是宋金之交，当时南宋王朝偏安一隅，金人占据中原，这让萧常内心的民族情怀格外高涨。他觉得，汉末刘备是正统，正如当下赵家才是正统，可是中原故土却遇到了鸠占鹊巢的情况，借古讽今他则会不断强化刘备讨曹的王义性，周瑜没有站在正义一方，势必被他所批评。

而吕思勉身处的时代恰恰是民国时期的军阀混战，这样分裂动荡的时期反而催生着吕思勉对于和平统一的渴望。他觉得国家的分裂与那些野心勃勃的军阀脱不了干系，而周瑜、鲁肃这等好乱之士其实也是汉末的不安分军阀。也许没有他们，曹操统一天下，百姓会过得很好。那么，无论是萧常和吕思勉，他们因政治因素影响，思想在这方面都有一定的理想化倾向，可历史毕竟是真实发生过的事情，即使这些事实不是他们所想要的，但也是真实存在的。

剥离掉那些受政治因素影响的评论观点，也许我们才能从史学家的口中看到一个真实的周瑜：一个敢于抗争外界强大压力的奇才，一个创造历史且极具音乐细胞的艺术家！

二、诗家之言

如果说对于历史人物，史学家是第一批评价的人，那么文学家必然是第二批评价的人。史学家的评价也许是侧重于历史功绩，那文学奖的评论可谓是天马行空、毫无章法了。或许，只有我们去看完文学家对周瑜的评论，我们才会感知——原来你是这样的周瑜。

我们先看下四位大诗人对周瑜的评价：

李白《赤壁歌送别》：二龙争战决雌雄，赤壁楼船扫地空。烈火初张照云海，周瑜曾此破曹公。

胡曾《咏史诗赤壁》：烈火西楚魏帝旗，周郎开国虎争时。交兵不假挥长剑，已破英雄百万师。

孙元晏《赤壁》：会猎书来举国惊，只应周鲁不教迎。曹公一战奔波后，赤壁功传万古名。

李端《听筝》：鸣筝金粟柱，素手玉房前。欲得周郎顾，时时误拂弦。

这四人中除李端外，三首诗人的诗题都与赤壁有关，也都提到了赤壁的一把大火成就了周瑜，但是因为写诗风格不同，三位诗人评价下的周瑜也不同。李白是浪漫派诗人，先以大环境烘托出人物的丰功伟绩，直到最后才告诉你，这功绩缔造者是周瑜。孙元晏和胡曾的诗相对写实，大致把赤壁之战前因后果都交代进去了，周瑜、鲁肃不服曹操，而后赤壁激战，最终成全万世名。

至于李端，这个人是个音乐家，所以他自然以音乐家的角度去欣赏周瑜。就像我们后世的人评价王羲之，定然会称赞其书法造诣，但与他同朝为官之人必然就着重于王羲之的政治身份了。

但是假如你以为文人就写写诗来歌颂周瑜，那你就大错特错了，不妨看看以下两位：

欧阳澈：使富国强兵，内无动摇，民安如故，有如大夫种之能；转输供馈，外无劳民扰攘之役，有如范蠡之知；临机果断，折冲千里，有如周瑜之勇；度长虑远，收功于必成，有如赵充国之守。严细柳之军，有如周亚夫者；奔项羽之营，有如樊哙者；孜孜奉国，知无不为，有如房玄龄者；兼资文武，出将入相，有如李靖者，则虽愚夫愚妇亦知其可以必胜矣。

陈亮：呜呼！使周公瑾而在，其智必及乎此矣。吾观其决谋以破曹操，拓荆州，因欲进取巴蜀，结援马超以断操之右臂，而还据襄阳以蹙之，此非识大略者不能为也。使斯人不死，当为操之大患，不幸其志未遂而天夺之矣。孙权之称号也，顾群臣曰：周公瑾不在，孤不帝矣。彼亦知吕蒙之徒止足以保据一方，而天下之奇才必也公瑾乎。昔吴起与田文论功，至主少国疑，大臣未亲，百姓未附之际，吴起屈焉。桓王属大皇于张昭，更以周瑜遗之，后瑜驰驱于颠危之际，昭遂废不用。何哉？江东虽定而国轻矣。余论次其行事，使善观国者有考焉。

欧阳澈和陈亮两人似乎不同于纯粹的文人，他们是具有政治思想的文人，在他们眼中，生活并非只有诗和远方，还有中华的梦想和民族的富强。所以，他们评议周瑜则采用了近乎政治舆论宣传的口径，告诉人们周瑜如何伟大，而我们又要从周瑜身上学习。

只可惜，两人也可谓是生不逢时，任凭他们喊破喉咙也没法让统治者听见他们的意见。宋人议论未定，金人兵已过河。周瑜在文人笔下，似乎被赋予了新的含义，承载着他自身的历史使命，也承载着后世文人对于周瑜的信念。

文人与文人自是不同，天生乐天派的李白即使经历安史之乱也依旧不改心性。对于政治站队他也没有高度警惕心，最终参与到永王的糊涂事中。可是欧阳澈和陈亮，一个死在了宋金之交，一个死在了蒙古崛起的时期，他们或是天性使然，抑或是时局所限，他们的人生自然无法与李白那般乐天豁达。

笔有尽而意无穷，周瑜的形象似乎在经历了唐宋之际文人的洗礼而愈发地神圣化。他不再是之前史家口中的一代奇才，善战之将。而是寄托了全体江东的希望，寄托了遗民们北伐中原，荡清河洛的希望，他也不单单是一个将，而是一个承载了国家重任的能臣、干臣。

三、杂家之言

看完了史家、文人之言，我们不妨最终来看看小说家们眼中的周瑜。其实今天的我们对于周瑜的第一印象便来自于小说家的笔尖，罗贯中的《三国演义》成为我们了解三国、了解周瑜的首要书目。

罗贯中小说《三国演义》里，作者基于文学艺术需要，周瑜被描写成为与诸葛亮明争暗斗的人物，最终被诸葛亮气死。留下了孔明三气周公瑾，周瑜气得在马上大叫一声，箭疮复裂，坠于马下，临死前仰天长叹"既生瑜，何生亮！"的故事。

小肚鸡肠、嫉才成了罗贯中笔下周瑜的阴暗面，顺带他的早逝也被合理诠释为气死，这不得不说是对历史人物的不尊重。我们不妨从周瑜的历史形象与小说形象的差异来看这样一个问题：为何小说里的人物形象比历史中的人物形象更能让我们接受呢？我觉得可能有三点原因：

首先，小说往往能满足人们对于现实中无法完成的客观想象。《封神演义》里纣王无道，就会有各路神仙相继出现，辅助武王灭商。但是真实的牧野之战可以说是残酷且枯燥的，伏尸百万、流血千里。没有法术加成的奴隶制时代，几万人用青铜互拼，倒地声、哀号声、骨头被折断声，这些东西交织在一起任何一刻都是煎熬。是的，与真实的历史相比，小说确实可以脱离掉漫长、冗杂的现实。

其次，小说中人物棱角会显得更分明，在《晋书》以前，中国的历史书都相对单薄，远非后来的《唐书》《宋史》可比。所以在有限的篇幅中，不重要的人物可能一笔带过，穿插在知名人物的记载中，而知名人物也不可能过多描述。惜字如金的史家很少能让这些知名人物的事迹生动化，形象化。饶是以纪传体史书开山的司马迁也不可能做到面面俱到，例如，吴王阖闾浓墨重彩的事迹被省略，很多事迹只能从别的史书中摘录进行补充。

周瑜也面临了这样一个问题，没有《江表传》作补充，没有裴松之作注，陈寿的《三国志》会变得更加单薄，周瑜是个怎样的人？也许我们会少去很多认知，我们不会知道他和程普关系曾经不融洽，但最终又趋于缓和。我们也许会知道周瑜劝阻了孙权，却不会知道他具体是怎样劝阻的。少去过程的结果总是被人难以接受，同样，少去笔墨的已故人物会变得陌生。

所以，小说的出现则是让我们能够从更多事迹中去了解一个人，一个活生生的人，而非那一小撮冰冷的文字。也许，他的形象会和历史上的存在有些格格不入，有些颠覆，有些偏差，但恰恰是这样一种形象才会吸引到我们，才会让小说变得让人容易接纳。

最后，小说还有一点取巧之处，那就是它的通俗易懂性。大家如果去看史书，那一连串的评价即使让你读也是晦涩难懂，但是如果是《三国演义》，那一两句半白不文的话语似乎就能让你深刻记住——"吾观此人插标卖首""吾儿奉先安在""吾从未见过如此厚颜无耻之人"等这样的话语即使让小学生通读几遍也是可以记住的。

古代的中国，文化程度不高的情况下，似乎通俗易懂、下里巴人的东西更能引起民众的关注，继而也推动了小说的传播。但由古及今，似乎对于通俗化的追逐并没有过多改变，这也就是为何通俗读物能让读者更喜欢的原因。

因为读者喜好，这也催生着一批人从事于通俗历史的创作，将浩瀚繁杂、晦涩难懂的史料搬下神坛，分享给众多求知者。而我也荣幸地成为其中一员，但与小说家不同，我们本质只是说故事，而非编故事，历史上真实的事件我们可以告知给大众，但绝不会胡乱编造给大众。

附录一

周瑜年谱

熹平四年（175），周瑜出生于庐江郡舒县。

初平元年（190），周瑜于寿春结交孙策；与孙策升堂拜母。

兴平二年（195），孙策受袁术之命东征刘繇；周瑜带兵粮到历阳支助孙策，一同作战，攻下横江、当利，击退刘繇，进入曲阿。而后周瑜还镇丹杨。

建安二年（197），袁术在寿春称帝，欲招揽周瑜，周瑜请做居巢县县长避祸。

建安三年（198），周瑜到居巢县赴任，趁机东渡回吴，加入孙策旗下。孙策亲自迎接周瑜，授周瑜建威中郎将。

建安四年（199），孙策授周瑜中护军，虚领江夏太守。周瑜助孙策攻破皖城，夺得庐江郡。孙策、周瑜分纳大、小乔。同年于沙羡大破黄祖，还定豫章郡、庐陵郡。周瑜留镇庐陵巴丘。

建安五年（200），孙策遇刺身亡，孙权继任。周瑜从巴丘回吴，以中护军的身份与长史张昭共掌众事。周瑜向孙权举荐鲁肃。

建安七年（202），曹操击破袁绍，下书令孙权送嗣子入朝当人质，张昭、秦松等犹豫不决，周瑜反对，遂不送质。

建安十一年（206），周瑜与孙瑜等讨麻、保二屯，枭其首领，俘获万余人。

建安十二年（207），黄祖遣将邓龙将兵数千人入柴桑，瑜追讨击，生虏邓龙送吴。

建安十三年（208），孙权再次征讨黄祖，周瑜为前部大督。同年，孙权命周瑜为左都督，带兵与刘备共同抗曹。周瑜在赤壁之战中大破曹军，奠定了三分天下的基础。

建安十四年（209），周瑜在南郡与曹仁对峙一年后，曹仁败退。孙权拜周瑜为偏将军，领南郡太守，以下隽、汉昌、刘阳、州陵为奉邑，屯据江陵。

建安十五年（210），周瑜女儿出生。周瑜进京见孙权，请求发兵取蜀，孙权同意。周瑜在去蜀途中病逝于巴陵巴丘。孙权素服举哀。鲁肃代周瑜领兵。程普代领南郡太守。

附录二

"代汉者，当涂高也"，谁是"当涂高"

奇诡的谶语：

——"代汉者，当涂高也"，谁是"当涂高"？

中国古代谶纬学说发展得可谓是风生水起，相比较西方的占星术，中国的谶纬学说更能准确又详尽地预言出王朝兴衰和朝代更迭。其中一些预言以其惊人的预见力让后世之人咋舌不已，《推背图》《烧饼歌》《梅花诗》自不必多说，单就今天所要说的这则谶言居然在后世一千年内竞相引发八位"皇帝"的攀附，可谓是令天下之民为之疯狂！

相信看过《三国演义》的朋友都应该记得里面有这么一句话，"代汉者，当涂高也。"啥意思，就是说一位叫"涂高"的人会取代汉朝，建立新的天下。那么，涂高究竟指代的是谁，老百姓自然是众说纷纭。

相传这句谶言最早是出现于《春秋谶》这本书中，而被众人广泛得知还来自于汉武帝的一次出行。当时汉武帝兴致高涨，带着一群官员泛舟游玩于黄河与汾水之上，玩得高兴了便直接在船上设宴，结果汉武帝借着酒劲，赋诗一首《秋风辞》："秋风起兮白云飞，草木黄落兮雁南归。兰有秀兮菊有芳，怀佳人兮不能忘。泛楼船兮济汾河，横中流兮扬素波。萧鼓鸣兮发棹歌，欢乐极兮哀情多。少壮几时兮奈老何！"

官员们一看领导卖弄文采，自然是大拍马屁，连声说："好诗，好诗。"哪知道就在一片喝彩声中，汉武帝突然阴沉下脸来说道："别看咱们现在乐乐呵呵的，可我大汉王朝有'六七之厄'，等到了那个时候，'代汉者，当涂高也'。"汉武帝不经意间的一句话竟然让大臣们全部听进去了，他们纷纷询问道"当涂高也？谁是当涂高啊？"看到手下这群人这副模样，汉武帝才意识到自己说错话了，于是又推口说道："朕喝醉了，说出的话当不得真的。"

然而，汉武帝的一时失言却引发了轩然大波，这句话渐渐在民间流传开来，以至于一些野心家都显得蠢蠢欲动了。汉武帝时代汉朝国力强盛，盛世之下自然没人敢跳出来造反，可到了东汉末年，汉室衰微，这句谶言再次被有心人拿出来运用了。

第一个攀附这则谶言的人叫阙宣，这厮是徐州黑帮老大，和陶谦平日里官匪勾结，危害一方（注意，历史上的陶谦可不是演义里的那副衰样，绝对是心狠手辣的一号人物）。眼看着黄巾起义把东汉帝国给掏空了，这哥俩便琢磨着也干一票。于是阙宣便抬出了这则预言，声称：什么东西最高，宫阙最高嘛，这里面的当涂高就是我阙宣啊。而后阙宣发动数千名人士造了东汉王朝的反，但是这厮当流氓是一把好手，造起反来就不那么行了，被朝廷军打得到处乱窜，最后陶谦来了一出"黑吃黑"，干掉了这位把兄弟。哎，阙宣的下场告诉我们这么一个道理：江湖上混的都是假流氓，朝廷里窝的才是真流氓！

　　有了第一个，自然有第二个，这第二个人叫李傕，在《三国演义》里面也是一号人物，董卓手下第二大将。董卓死后，李傕、郭汜犹如丧家之犬，两人想着散伙回家种地了。结果一个叫贾诩的"三国第一搅屎棍"找到了他们，对他们说："将军诶，你们要是散伙，到时候随便一个捕快都能砍掉你们的脑袋，还不如趁着手里有兵，杀进长安，夺了皇帝。"为了让这两人胆子更大一些，贾诩找了个女巫来继续忽悠，女巫说："将军诶，代汉者当涂高听过没，说的就是你啊。你看你叫李傕，傕就是阙的通假字啊，啥东西最高，宫阙嘛，您就是天生要取代汉朝的新皇帝啊。"李傕这厮也是棒槌，竟然信了这女巫的话，鬼迷心窍地就去干了，最后被曹操击败，亡命天涯。李傕的下场告诉我们：做大事绝对不能是被人忽悠的，否则怎么死的都不知道。

第三个人我们都知道，袁术啦，袁术给出的解释是：李傕和阙宣都是低能儿，哪有这么解释谶纬的啊，当涂高，这关键词应该是涂，而不是高。涂是什么，涂就通途嘛，就是道路的意思哇，我袁术表字公路，不就是这所谓的当涂高吗？正巧那时候他得了传国玉玺，于是想都没想就称帝了，自号仲家皇帝。只可惜，这位仲家皇帝在位两年，灭于曹操。袁术的倒台告诉我们：千万不要自以为是，把别人当猪把自己当主是要栽跟头的。

然而最终汉朝还是被取代了，取代汉朝的是曹丕建立的大魏。那么，既然取代了汉朝，曹丕自然要把自己说成是天命所归的，所以他要给"代汉者当涂高"一个官方的解释。曹丕的解释也和袁术差不多，着眼点是"高"字，他认为魏通巍，就是高大的样子。这说法虽然牵强附会，但谁让人家已经坐稳皇位了呢，大家也就没什么说法了。曹丕用实际行动告诉我们的道理是：什么事情还是实力说了算，别尽扯些有的没的空造声势。

按理说汉朝被取代了，这事情也就告一段落了。可事实却并非如此，由于曹丕的魏国实在存在时间太短，别人便怀疑曹家根本就是"野路子"，不是被预言中的人物。

转眼到了西晋末年，有一个野心家叫王浚。他坐拥幽燕之地，手下兵将数十万，他觉得魏国、西晋国祚都很短，都是野路子，当涂高另有其人。那么另有其人究竟是何人呢？王浚给出的答案是自己。原因是他老爸字处道，就是途（涂）的意思，而自己家乡在上党，与天比邻，不就是高的意思吗？于是当涂高就被王浚如此解释了，只可惜王浚比起曹家和司马家来说更是连"野路子"都不如，很快便被羯人石勒灭掉了。王浚的下场告诉我们：乱攀关系是得吃大亏的，别人的自然是别人的，自己的才是自己的。

王浚被干掉了，没想到干掉王浚的石勒也捡起了这句很多人用过的预言，说自己是"当涂高"。原因是羯人石勒本名匐勒，意思就是高大的样子，而这个汉却不是汉朝，而是指的是当时的十六国之一的匈奴汉国。后来，石勒在这句预言的驱使下果然背叛了他的老东家匈奴汉国，消灭刘曜，统一了北方。石勒用自己的行动告诉我们：凡事都得变通，换种思路或许能有意外收获。

石勒开启了一个新模式，汉非汉朝，当涂高却依然是当涂高。接下来的两位自然也着眼点放在了前半句"代汉者"上。转眼到了南北朝，齐高帝萧道成取代了刘宋，而刘宋开国皇帝刘裕正是刘邦小弟弟刘交的后代，按理说刘宋王朝也是汉室苗裔，那么当涂高也可以是取代刘宋的人物。这么一来萧道成便是这当涂高的最有力者，因为道成与涂高自然是最贴近啊。萧道成的事迹让我们知道：只要你愿意扯，怎么样荒唐的东西都能让你找出内在联系。

南北朝之后，很长一段时间没人再攀附这则谶语了。然而，到了五代乱世，最后一位攀附者也出现了，他便是后周太祖郭威。郭威取代的朝代是后汉王朝，因为名字里也有个"汉"，自然他也把自己攀附成当涂高了。郭威小名郭雀儿，当时流传着另一句谶言："汉水竭，雀高飞。"郭威便联想到了之前那句很古老的"代汉者，当涂高也"。雀鸟腾飞为了什么？图高啊，图高不就是涂高的意思吗？自然而然，自己取代后汉是天意啊。只可惜，郭威后来虽然当了皇帝，却换来个子孙断绝的下场，死后只能传位给外甥。纵览郭威的人生，我们不得不唏嘘：当皇帝终归是有代价的。

五代之后，虽然谶纬之学并没有阻断，却再无人拿这句"代汉者当涂高"说事了。而由于几多竞争者的争相攀附，这句谶言的原意非但没变得清晰，反倒是更加模糊，令人捉摸不透。一句简短的谶言，竟然在一千年以内引来八位皇帝的争相攀附，或许预言的制造者本身都料想不及吧？

后 记

"南海之外有鲛人，水居如鱼，不废织绩。其眼泣则能出珠。"

——干宝《搜神记》

小时候，记得曾为童话故事《海的女儿》而感动，落下过几行泪水。到后来，小人书翻过，动画片看过，译本读过，却再也没有当初那丝直触心扉的感受了。感情这种东西，也从最初的美好，细致成一件件事情。一段段回忆，一幕幕悲欢离合的戏剧……

你还相信爱吗？很少有人会问你这样的问题，因为她们更热衷于问你爱过吗。是的，爱过是一种历练，而还爱，是一种执着。

《海的女儿》更像是一部给成年人写的童话，如果它能赚得受众孩童的几滴眼泪，那给成人的恐怕是静默，一言不发的静默。这是《海的女儿》一个最可怕的地方：看的遍数越多，眼泪会被死一般的孤寂所取代。

即使宁可自己粉碎成泡沫，亦绝不想伤害自己最深爱的人，这是小美人鱼对爱的认知。可现实中，我们往往却并非如此，因为爱，我们碰撞，因为爱，我们摩擦，因为爱，我们势同水火，因为爱，我们形同路人。其中往往只有很少一部分人能真正做到为爱牺牲的境界。因为，我们毕竟不是生活在童话中啊。

…………

我们最大的悲哀莫过于在可以把握爱情的年纪却屈从于现实，而当可以主宰自己命运的时候，却再也不相信爱了。

（十九岁时读书札记）

以这样一则札记开头作为本书的结尾，其实是想和大家一起探讨这样一个问题：距离你读完上一本纸质书已经过去多久了？距离你读书写札记的生活又过去多久了？

"80后""95前"的一批人大抵在少年时代、业余生活中总会被各类有意思的书籍占据，虽然那时候课业的繁重，老师的严厉让我们的绝大部分生活被学习占据。可是，总有那么一小撮业余时间，我们会挤出来经营自己的爱好。

没有电子产品的我们，那时候看业余书籍就成了一种寄托爱好的方式，在读书的过程中，天马行空的想法也就在那时候迸发，很多人选择了记录笔记，用以刻画下当年阅读的痕迹。说来惭愧，那个年代曾经买了一个硬面本笔记，但是只记录了三分之一便闲置于一旁了。

经历了三年高口苦闷生涯的洗礼，当再度有时间去翻阅书籍，记录笔记也都已经在大学了。但是，步入大学的我们似乎恰恰经历着一场划时代的变革，随着智能手机全面取代按键手机的浪潮迭起，我们的业余生活被更多地网络娱乐所占据，甚至读书也有了新的载体、新的方式。

在四年大学生涯中，我猛然发现，竟然有一年时间，自己从未看完过一本书，无论是纸质版抑或是电子版。而当我重新捡起书本翻阅时，竟然触发了自己写作的爱好。

在我写作出版书籍的这几年，也确实见证着纸质书籍渐而被电子图书甚至有声阅读所取代。也曾遇到过朋友讪讪说着："现在大家都懒得看电子书了，更何况纸质书呢？"但是，我同样也见过那些藏书颇多的人又乐此不疲地一本本买着纸质书，也曾听闻他们说过这么一番话："还是喜欢纸质的书啊，翻看着便有厚重感。"

也许，信息化时代将我们芸芸众生进行了更为明晰的分流，我们现在写文稿多用电脑打字，可却依然有书法家投入时间去练习软笔、硬笔书法；我们业余生活被各色各样的肥皂剧所打发，但也依然会有人坚守昆曲、越剧等国粹。

那么，今天的我们是要网络多一点，还是看书多一点？我在此选取了两位小伙伴的言论，一位是与我同时代的"90后"，而另一位则是年轻的"00后"。

人类社会由原始狩猎时期—农耕文明—工业文明进入到现在的信息化时代。信息化时代最大的特点就是方便，比如，以前要查找一段文献，如果你不记得书名，找吧，也许一段话就得找个十天半个月，而现在，在网络上输入关键词，你要的信息都有了。随着网络文化推广，以前说一个人博学，会说他是"移动的百科全书"，而现在则说他是"移动的度娘"。

其他呢？太多的无关紧要的东西充斥在人们面前，消耗了人们大量的时间，随着网络流行词的出现，感觉现在越来越不会说话了。

比如，当你向一个人表达爱意时你可以说：山有木兮木有枝，心悦君兮君不知；而不是只会说：我喜欢你，天荒地老，海枯石烂。

当你思念一个人的时候你可以说：衣带渐宽终不悔，为伊消得人憔悴；而不是只会说：我想死你啦。

当你失恋的时候你可以说：人生若只如初见，何事秋风悲画扇；而不是只会说：蓝瘦，香菇。

结婚的时候你可以说：春宵一刻值千金，花有清香月有阴；

而不是只会说：嘿嘿嘿嘿嚯嘿嘿。

分手的时候你可以说：相濡以沫，不如相忘于江湖；而不是只会说：我们不合适……

不仅如此，读书之人说起网络流行语，那也是逼格满满。

秀恩爱，分得快，你可以说：爱而不藏，自取其亡。

鬼知道我经历了什么，你可以说：阳世之人，未解吾之千千劫也。

画个圈圈诅咒你，你可以说：画地成圆，祝尔长眠。

有钱，任性，你可以说：家有千金，行止由心……

有人曾提出这样一个问题：大部分读过的书最后都会忘掉，那读书的意义何在？

这是我见过的最好的回答："小的时候我吃了很多东西，其中的大部分我已记不清是什么，但我知道，他们已经成为了我现在的骨和肉。"

读书，也是如此。它在不知不觉中就已经影响了你的思想，你的言行，你的形象。

最关键的是，我不想自己离开了网络，就和个白痴一样。

——南国正言公众号版主　袁秀莲（灰灰）（90后）

从数字上看，日本人均读书量要比我们高很多，但斋藤孝仍

　　然认为，日本的很多年轻人荒于读书，仅仅满足于从网络上搜索信息。对此，他在《深阅读》中指出，人类的文化经由书籍传递积淀下来，要丰厚得多。而网络只是"让我们漂流在信息海洋的表面，阅读则带我们向下深潜，汲取深藏水底的精神清流""我们平时遇到的各种麻烦，不过是河流表层的浊水，喝着很苦。但只要向下深潜，就能找到清流。读书正是这种手段"。

　　读书在看似信息爆炸的时代，仍然具有非常重要的意义，是网络化的碎片阅读无法取代的。但并不是所有的书都会给人带来收获，只有阅读经典，才会充分享受读书的乐趣。与古人对话，原来，我们的情感、梦想、亲情从没有改变过，我们不再孤独，或者说在孤独中寻找共鸣。

　　　　　　　　　　　　——爱景咖啡　徐樱铷（00后）

　　也许出乎一些朋友的意料，虽然有了时代的隔阂，但是并非如我们潜意识所想那般，时代决定了思维角度。其实中国有句古话说得很好，"物以类聚，人以群分"，我们现代人总是会以年龄段去划分群体，但从来没有想过以兴趣爱好去划分群体。的确，大环境之下，现在唱昆曲，听昆曲的人少了，但我们依然能看到还有陆续的新生力量去维系着这一传统艺术的流传。

　　读书也是如此，网络可以告诉我们很多，但依然会有人选择从读书（读纸质书籍）中汲取营养。也正是因为这些人的存在，才有了我们作者、编辑、出版人为之付出努力的动力。

　　就像是周瑜，儿时的我们从长辈们撰写的读物中去了解他，我亦希望，今日我撰写的读物可以作为"00后""10后"的孩子们学习传统文化的途径之一。中华巍巍五千年历史，恰恰是在这薪火相传中不断发展而来的。